BOSQUES EN MINIATURA

Una Guía del Método Miyawaki

Francisco Rodríguez González

Para Sofía y Papa

Introducción:

El método Miyawaki, ideado por el botánico japonés Akira Miyawaki, es una técnica de reforestación que ha ganado reconocimiento mundial por su efectividad en la restauración de bosques naturales. La metodología se centra en la plantación de especies nativas, perfectamente adaptadas al clima y suelo locales. No se trata de una simple plantación, sino de un proceso minucioso: las plantas se disponen densamente, generando una competencia natural que acelera el crecimiento de los árboles. En terrenos baldíos o degradados, esta técnica permite el desarrollo de bosques autosuficientes en un plazo sorprendentemente corto —tan solo entre 20 y 30 años—, alcanzando su independencia en apenas tres años.

La reforestación y la restauración ecológica son cruciales en la actualidad debido a la acelerada degradación ambiental que enfrenta nuestro planeta. La deforestación, el cambio climático y la pérdida de biodiversidad han llevado a una crisis ecológica que requiere soluciones urgentes y efectivas. La reforestación no solo ayuda a mitigar los efectos del cambio climático al capturar dióxido de carbono, sino que también restaura hábitats vitales para innumerables especies de flora y fauna. Además, los bosques desempeñan un papel esencial en la regulación del ciclo del agua, la conservación del suelo y la provisión de servicios ecosistémicos que son fundamentales para la vida humana. La restauración ecológica, por lo tanto, no es solo una cuestión de recuperar espacios verdes, sino de reinstaurar la salud y funcionalidad de ecosistemas completos.

El propósito de este libro es ofrecer una guía comprensiva y práctica sobre el método Miyawaki, proporcionando a los lectores una comprensión profunda de sus principios, técnicas y beneficios. A través de este texto, se busca capacitar a ambientalistas, profesionales de la reforestación, autoridades locales y cualquier persona interesada en la restauración ecológica para que puedan implementar esta metodología de manera efectiva en sus propios proyectos. Este libro tiene varios objetivos claros:

- Educación y Concienciación: Proveer información detallada sobre la historia y los fundamentos del método Miyawaki, así como sus aplicaciones exitosas en diferentes partes del mundo. Al comprender cómo y por qué funciona este método, los lectores estarán mejor preparados para apreciar su potencial y aplicarlo en sus propias comunidades.
- Guía Práctica: Ofrecer instrucciones paso a paso sobre cómo llevar a cabo un proyecto de reforestación utilizando el método Miyawaki. Esto incluye la selección de especies nativas, la preparación del suelo, la plantación y el

cuidado inicial de los árboles, así como el monitoreo y mantenimiento a largo plazo.

- *Promoción de la Biodiversidad:* Subrayar la importancia de utilizar especies nativas y promover la biodiversidad local. A través de estudios de caso y ejemplos prácticos, se demostrará cómo los proyectos de reforestación pueden ser diseñados para maximizar los beneficios ecológicos, sociales y económicos.

- *Sostenibilidad y Resiliencia:* Enfatizar cómo la reforestación con el método Miyawaki contribuye a la creación de ecosistemas sostenibles y resilientes. Los bosques restaurados con esta técnica no solo crecen rápidamente, sino que también son más resistentes a plagas, enfermedades y condiciones climáticas extremas.

- *Participación de la Comunidad:* Fomentar la participación comunitaria en proyectos de reforestación. El éxito a largo plazo de cualquier iniciativa ecológica depende en gran medida del apoyo y la participación activa de las comunidades locales. Este libro proporcionará estrategias para involucrar a las personas y construir un sentido de responsabilidad compartida hacia la restauración del medio ambiente.

En resumen, este libro se presenta como una herramienta esencial para aquellos comprometidos con la reforestación y la restauración ecológica. Al proporcionar un enfoque detallado y práctico del método Miyawaki, se espera inspirar y capacitar a una nueva generación de defensores del medio ambiente, listos para enfrentar los desafíos ecológicos de nuestro tiempo y trabajar hacia un futuro más verde y sostenible.

Índice:

10. **Desafíos y Limitaciones**
   - o Obstáculos comunes en la implementación.
   - o Lecciones aprendidas y soluciones.
   - o Adaptaciones necesarias para diferentes contextos.
11. **Aplicaciones Urbanas del Método Miyawaki**
   - o Creación de bosques urbanos.
   - o Integración en proyectos de planificación urbana.
   - o Beneficios para la calidad del aire y el microclima urbano.
12. **Involucramiento Comunitario y Educación Ambiental**
   - o Estrategias para involucrar a la comunidad local.
   - o Programas educativos y de voluntariado.
   - o Casos de éxito en participación comunitaria.
13. **Futuro del Método Miyawaki**
   - o Innovaciones y desarrollos recientes.
   - o Potencial de expansión global.
   - o Perspectivas futuras para la restauración ecológica.
14. **Guía Práctica para Implementar el Método Miyawaki**
   - o Pasos detallados para iniciar un proyecto de reforestación.
   - o Recursos y herramientas útiles.
   - o Consejos prácticos y recomendaciones.
15. **Conclusiones**
   - o Resumen de los puntos clave del libro.
   - o Reflexiones sobre la importancia de la reforestación.
   - o Llamado a la acción para lectores y comunidades.

Apéndices

- **Glosario de términos técnicos**.
- **Referencias y bibliografía**.
- **Recursos adicionales.** (sitios web, organizaciones, lecturas recomendadas).
- **Anexos** (formularios de monitoreo, listas de verificación, etc.).

Principios del Método Miyawaki.

El método Miyawaki se basa en la plantación de especies nativas endémicas de la región de reforestación, asegurando que las plantas seleccionadas estén perfectamente adaptadas al clima, suelo y otras condiciones ambientales locales. La selección de especies autóctonas es fundamental para promover la biodiversidad y la resiliencia del ecosistema, ya que estas plantas han evolucionado en la región y, por lo tanto, tienen una mayor capacidad para prosperar sin necesidad de intervenciones humanas intensivas como el riego, la fertilización y el control de plagas.

El primer paso en la implementación de este método es realizar un inventario exhaustivo de las especies nativas, incluyendo árboles, arbustos y plantas herbáceas que forman parte del ecosistema local. Este inventario permite identificar las especies que mejor se adaptan a las condiciones específicas de la región, tales como el tipo de suelo, la precipitación y las temperaturas estacionales. A partir de esta información, las especies se clasifican según su rol en el ecosistema, desde el dosel superior hasta el sotobosque, lo que asegura una estructura de bosque natural y funcional.

Además, se considera la tolerancia a la sombra de cada especie para planificar su ubicación dentro del bosque, asegurando que cada planta reciba la cantidad adecuada de luz solar. La mezcla de especies se planta en grupos densos para simular la competencia natural que se encuentra en los bosques, lo que estimula un crecimiento rápido y robusto. Esta densidad de plantación también ayuda a crear un microclima favorable, protegiendo las plantas del viento y la deshidratación.

La cuidadosa selección de especies nativas también contribuye a un ciclo de nutrientes eficiente, ya que estas plantas están adaptadas a reciclar los nutrientes del suelo de manera óptima. Esto es esencial para la sostenibilidad del ecosistema a largo plazo. Además, la diversidad de plantas atrae a una variedad de fauna, incluyendo insectos, aves y otros animales que contribuyen a un ciclo ecológico balanceado, aumentando aún más la biodiversidad y la resiliencia del bosque.

Por lo tanto, la selección meticulosa de especies autóctonas es una piedra angular del método Miyawaki, garantizando que los bosques plantados no solo crezcan rápidamente, sino que también sean capaces de mantener su equilibrio ecológico con mínima intervención humana. Este enfoque permite la restauración efectiva de ecosistemas degradados, promoviendo la biodiversidad y creando bosques resilientes y sostenibles que benefician tanto al medio ambiente como a las comunidades locales.

Historia y Orígenes del Método Miyawaki.

Biografía del Dr. Akira Miyawaki.

El Dr. Akira Miyawaki nació el 29 de enero de 1928 en la ciudad de Takahashi, en la prefectura de Okayama, Japón. Desde una edad temprana, Miyawaki mostró un profundo interés por la naturaleza y las plantas, un interés que lo llevaría a convertirse en uno de los botánicos más influyentes de su tiempo. Estudió biología en la Universidad de Hiroshima y posteriormente completó su doctorado en la Universidad de Tokio, donde se especializó en ecología y fitosociología, una rama de la ecología que estudia las comunidades de plantas y su relación con el medio ambiente.

Durante su carrera, Miyawaki trabajó como profesor en la Universidad Nacional de Yokohama, donde no solo enseñó, sino que también llevó a cabo investigaciones pioneras en ecología vegetal. Su trabajo le llevó a colaborar con expertos de todo el mundo y a participar en proyectos de investigación internacional. Además de su carrera académica, Miyawaki fue un activo defensor del medio ambiente, participando en numerosas iniciativas de conservación y restauración ecológica tanto en Japón como en otros países.

Uno de los aspectos más notables de la carrera de Miyawaki fue su habilidad para combinar su profunda comprensión científica con una pasión por la acción práctica. No solo desarrolló teorías y métodos innovadores en el campo de la ecología, sino que también se aseguró de que estas ideas fueran aplicadas en el terreno. Este enfoque dual de teoría y práctica es lo que ha hecho que su método de reforestación sea tan efectivo y respetado en todo el mundo.

Contexto Histórico y Desarrollo del Método

El método Miyawaki tiene sus raíces en la década de 1970, un período de creciente conciencia ambiental a nivel global. Durante estos años, el mundo estaba empezando a reconocer los graves impactos de la deforestación y la degradación del medio ambiente. Japón, con su rápida industrialización y urbanización, no era una excepción. Muchas áreas del país habían sido severamente deforestadas, y había una necesidad urgente de restaurar los ecosistemas naturales.

Inspirado por la obra de su mentor, el profesor alemán Reinhold Tüxen, un destacado fitosociólogo, Miyawaki comenzó a desarrollar su método de reforestación basado en la plantación de especies nativas. Tüxen había introducido a Miyawaki en la idea de estudiar las comunidades vegetales naturales y comprender las relaciones entre las plantas y su entorno. Miyawaki tomó estos principios y los aplicó a la reforestación, con un enfoque específico en la creación de bosques autóctonos que imitaban los ecosistemas naturales originales.

El desarrollo del método Miyawaki se centró en varios principios clave. Primero, Miyawaki abogó por la plantación de especies nativas endémicas, argumentando que estas plantas estaban mejor adaptadas a las condiciones locales y, por lo tanto, tenían más probabilidades de prosperar. Segundo, su método involucraba la plantación de árboles y arbustos en alta densidad, creando una competencia natural entre las plantas que estimulaba un crecimiento más rápido y saludable. Tercero, Miyawaki enfatizaba la importancia de la preparación del suelo, utilizando técnicas que aseguraban que las plantas tuvieran acceso a los nutrientes necesarios desde el principio.

El método fue puesto a prueba por primera vez en la región de Yokohama, donde Miyawaki y su equipo lograron restaurar un bosque en un terreno degradado en un tiempo récord. Este éxito inicial atrajo la atención de otros científicos y ambientalistas, y el método Miyawaki comenzó a ganar reconocimiento a nivel nacional e internacional.

Influencias y Teorías Subyacentes

El desarrollo del método Miyawaki estuvo fuertemente influenciado por varias teorías y prácticas científicas, así como por el profundo respeto de Miyawaki por la naturaleza y las tradiciones culturales de Japón.

Una de las influencias más significativas fue la teoría de la fitosociología, que estudia las comunidades de plantas y su relación con el medio ambiente. Miyawaki aplicó estos principios al estudiar las comunidades vegetales naturales en Japón, identificando las especies nativas que formaban parte de los bosques originales del país. A través de esta investigación, pudo desarrollar un enfoque de reforestación que replicaba estos ecosistemas naturales.

Otra influencia importante fue el concepto de sucesión ecológica, que describe el proceso por el cual las comunidades de plantas cambian y se desarrollan con el tiempo. Miyawaki comprendió que para restaurar un bosque de manera efectiva, era necesario imitar este proceso natural de sucesión. Por lo tanto, su método se centraba en la plantación de una mezcla diversa de especies, incluyendo árboles de rápido crecimiento que proporcionaban sombra y protección a las especies más lentas y a los arbustos que eventualmente formarían el dosel del bosque.

Además de las teorías científicas, el método Miyawaki también se inspiró en las prácticas tradicionales japonesas de manejo de la tierra y la agricultura. En Japón, había una larga tradición de respetar y trabajar en armonía con la naturaleza, un principio que Miyawaki incorporó en su enfoque. Por ejemplo, la idea de plantar en alta densidad para crear competencia entre las plantas se basaba en prácticas agrícolas tradicionales que buscaban maximizar el uso de la tierra y los recursos.

Otra teoría subyacente importante fue la noción de "sociabilidad de las plantas", que Miyawaki adoptó de su mentor Tüxen. Esta idea sugiere que las plantas tienen relaciones sociales y que estas relaciones pueden ser positivas (simbióticas) o negativas (competitivas). Miyawaki aplicó este concepto al diseñar su método de plantación, buscando crear comunidades vegetales donde las especies trabajaran juntas para mejorar la salud general del ecosistema.

El desarrollo del método Miyawaki también fue impulsado por un profundo sentido de urgencia y responsabilidad hacia el medio ambiente. Miyawaki fue testigo de la devastación causada por la deforestación y la urbanización desenfrenada, y estaba decidido a encontrar una solución que pudiera revertir estos daños. Su compromiso con la restauración ecológica no solo se basaba en la ciencia, sino también en una pasión personal por proteger y preservar la naturaleza para las futuras generaciones.

El método Miyawaki ha sido adoptado en diversas partes del mundo, incluyendo India, Tailandia, Sudamérica y Europa, donde ha demostrado ser una herramienta efectiva para la restauración de bosques y la mitigación del cambio climático. Cada aplicación del método ha proporcionado valiosas lecciones y ha ayudado a refinar y mejorar la técnica, adaptándola a diferentes condiciones ambientales y culturales.

En resumen, el método Miyawaki es el resultado de la combinación única de la biografía y experiencias personales del Dr. Akira Miyawaki, las influencias científicas y culturales que moldearon su pensamiento, y su profundo compromiso con la restauración del medio ambiente. Al aplicar principios de fitosociología, sucesión ecológica y sociabilidad de las plantas, Miyawaki desarrolló un enfoque innovador y efectivo para la reforestación que ha tenido un impacto duradero en la conservación de la naturaleza en todo el mundo. Este libro se dedica a explorar estos aspectos en profundidad, proporcionando una guía comprensiva para aquellos que buscan implementar el método Miyawaki en sus propios proyectos de reforestación.

Principios Fundamentales del Método Miyawaki.

El Método Miyawaki, desarrollado por el botánico japonés Akira Miyawaki, ha revolucionado la restauración ecológica al promover la creación de bosques nativos de crecimiento rápido y alta biodiversidad. Este método se basa en varios principios fundamentales que aseguran la creación de ecosistemas robustos y autosostenibles. A continuación, exploramos estos principios en detalle:

Selección de Especies Nativas

La selección de especies nativas es el pilar fundamental del Método Miyawaki. Las especies nativas son aquellas que han evolucionado en una región específica y están perfectamente adaptadas a las condiciones locales de suelo, clima y biota. La importancia de seleccionar especies nativas radica en varios aspectos:

1. Adaptabilidad y Resiliencia: Las plantas nativas tienen una mayor capacidad de adaptarse y sobrevivir en su entorno natural. Estas especies han desarrollado mecanismos para resistir plagas, enfermedades y condiciones climáticas adversas.
2. Interacciones Ecológicas: Las plantas nativas mantienen relaciones ecológicas complejas con otros organismos, incluyendo polinizadores, dispersores de semillas, y microorganismos del suelo. Estas interacciones son esenciales para la salud del ecosistema.
3. Conservación de la Biodiversidad: Utilizar especies nativas contribuye a la conservación de la biodiversidad local, evitando la introducción de especies invasoras que podrían alterar el equilibrio ecológico.
4. Cultural y Patrimonio Natural: Las especies nativas forman parte del patrimonio natural y cultural de una región, y su conservación ayuda a preservar la identidad biológica y cultural del lugar.

Densidad de Plantación Alta

Una característica distintiva del Método Miyawaki es la alta densidad de plantación. Plantar árboles y arbustos a una alta densidad emula la estructura de los bosques naturales y ofrece varios beneficios:

1. Crecimiento Rápido: La competencia por luz, agua y nutrientes en un entorno de alta densidad estimula el crecimiento vertical de los árboles, acelerando la formación de un dosel cerrado.

2. *Control de Malezas: La alta densidad de plantación reduce la luz disponible en el suelo, dificultando el crecimiento de malezas que compiten con las plantas jóvenes por recursos.*
3. *Microclima y Humedad: Un dosel cerrado crea un microclima más húmedo y fresco, lo que beneficia el crecimiento de las plantas y aumenta la retención de agua en el suelo.*
4. *Protección Mutua: Las plantas cercanas se protegen entre sí del viento, sol excesivo y otros factores ambientales adversos, lo que reduce el estrés en las plantas jóvenes.*

Diversidad de Especies

La diversidad de especies es otro principio clave del Método Miyawaki. Un ecosistema diverso es más resistente y funcional. Los beneficios de mantener una alta diversidad de especies incluyen:

1. *Estabilidad Ecológica: La diversidad de especies reduce el riesgo de que enfermedades o plagas afecten gravemente el ecosistema, ya que diferentes especies tienen diferentes vulnerabilidades.*
2. *Ciclo de Nutrientes: Las diferentes especies de plantas tienen distintos requerimientos y aportes de nutrientes, lo que ayuda a mantener un ciclo de nutrientes equilibrado en el suelo.*
3. *Funcionalidad del Ecosistema: Las diversas especies cumplen diferentes roles ecológicos, como la fijación de nitrógeno, la descomposición de materia orgánica y la creación de hábitats para la fauna.*
4. *Adaptabilidad al Cambio Climático: Un ecosistema diverso tiene una mayor capacidad de adaptarse a cambios ambientales y climáticos, ya que la diversidad genética y funcional aumenta la resiliencia del sistema.*

Preparación del Suelo

La preparación del suelo es un paso crucial en el Método Miyawaki, ya que un suelo saludable es la base para el crecimiento robusto de las plantas. Los pasos esenciales en la preparación del suelo incluyen:

1. *Evaluación del Suelo: Antes de iniciar la plantación, se realiza una evaluación del suelo para determinar su textura, estructura, pH y contenido de nutrientes. Esto ayuda a identificar las enmiendas necesarias.*
2. *Mejoramiento del Suelo: Se incorpora materia orgánica como compost, estiércol y restos de plantas para mejorar la estructura del suelo, aumentar su capacidad de retención de agua y nutrientes, y fomentar la actividad microbiana.*

3. Aireación del Suelo: La aireación del suelo mediante técnicas como el arado o el uso de herramientas manuales facilita la penetración de raíces y el intercambio de gases en el suelo.
4. Control de la Compactación: Evitar la compactación del suelo es esencial para asegurar que las raíces puedan crecer y expandirse sin restricciones.

Mantenimiento Inicial

El mantenimiento inicial es vital para asegurar que las plantas jóvenes establezcan un buen sistema de raíces y sobrevivan hasta que puedan valerse por sí mismas. Las prácticas de mantenimiento incluyen:

1. Riego Regular: Durante los primeros años, es crucial proporcionar riego regular para asegurar que las plantas jóvenes no sufran estrés hídrico. El riego se ajusta según las condiciones climáticas y las necesidades específicas de las plantas.
2. Control de Malezas: Aunque la alta densidad de plantación ayuda a reducir las malezas, es importante monitorear y eliminar las malezas competitivas durante las etapas iniciales de crecimiento.
3. Protección contra Plagas y Enfermedades: Se deben implementar prácticas de manejo integrado de plagas para proteger las plantas jóvenes sin recurrir a pesticidas químicos que puedan dañar el ecosistema.
4. Monitoreo y Evaluación: El monitoreo regular del crecimiento de las plantas y las condiciones del suelo permite realizar ajustes oportunos en las prácticas de manejo y asegurar el éxito del proyecto.

Conclusión

El Método Miyawaki, con su enfoque en la selección de especies nativas, alta densidad de plantación, diversidad de especies, preparación adecuada del suelo y mantenimiento inicial cuidadoso, ofrece una estrategia efectiva para la restauración de bosques y la creación de ecosistemas resilientes. Al seguir estos principios fundamentales, es posible recrear bosques que no solo prosperan rápidamente, sino que también contribuyen a la conservación de la biodiversidad y al bienestar ambiental a largo plazo. La implementación del Método Miyawaki es una herramienta poderosa en la lucha contra la degradación ambiental y el cambio climático, promoviendo un futuro más verde y sostenible.

Etapas del Proceso Miyawaki.

El método Miyawaki, desarrollado por el botánico japonés Akira Miyawaki, es una técnica de reforestación que crea bosques nativos densos y biodiversos en un período de tiempo relativamente corto. Este método se basa en la restauración de la vegetación potencial natural (VPN), que es el tipo de vegetación que existiría en un área sin la intervención humana. A continuación, se detallan las etapas fundamentales del proceso Miyawaki.

Investigación Preliminar

La investigación preliminar es una etapa crucial en el proceso Miyawaki, ya que proporciona la base para todas las decisiones posteriores. Durante esta fase, se realizan estudios exhaustivos para comprender las condiciones del sitio y la vegetación nativa.

Análisis del Suelo: El primer paso es analizar el suelo del sitio seleccionado. Se deben recolectar muestras de suelo de diferentes puntos y profundidades para evaluar su composición química y física. Este análisis incluye el pH, la textura (arcillosa, arenosa, limosa), la estructura, la capacidad de retención de agua, y los niveles de nutrientes como nitrógeno, fósforo y potasio. La calidad del suelo es crucial para determinar las enmiendas necesarias para asegurar un crecimiento óptimo de las plantas.

Clima y Microclima: Es esencial estudiar las condiciones climáticas del área, incluyendo la temperatura promedio, la precipitación anual, la humedad y los patrones de viento. Además, se debe tener en cuenta el microclima del sitio específico, que puede diferir del clima general de la región debido a factores como la topografía, la presencia de cuerpos de agua, y la cobertura vegetal preexistente.

Historia del Uso del Suelo: Comprender la historia del uso del suelo es vital para identificar posibles desafíos y oportunidades. Un sitio que anteriormente fue utilizado para agricultura intensiva, por ejemplo, podría tener problemas de compactación del suelo o contaminación por pesticidas. En cambio, un sitio que ha sido abandonado durante mucho tiempo puede tener una recuperación natural que puede ser aprovechada.

Biodiversidad Existente: Se debe realizar un inventario de la biodiversidad existente en el área, incluyendo plantas, animales y microorganismos. Esto ayuda a identificar especies clave que ya están adaptadas al entorno y que pueden ser utilizadas en la reforestación. Además, se puede evaluar la presencia de especies invasoras que podrían competir con las plantas nativas.

Selección de Especies

La selección de especies es una etapa fundamental que influye directamente en el éxito del proyecto. En el método Miyawaki, se utilizan especies nativas que están bien adaptadas a las condiciones locales.

Vegetación Potencial Natural: El concepto de vegetación potencial natural es central en el método Miyawaki. Se refiere a la vegetación que habría existido en el área si no hubiera habido intervención humana. Para determinar esta vegetación, se pueden utilizar registros históricos, estudios paleobotánicos y la observación de remanentes de vegetación nativa en áreas similares.

4Diversidad Específica: Es crucial seleccionar una amplia variedad de especies para crear un ecosistema equilibrado. Generalmente, se eligen entre 50 y 100 especies diferentes, incluyendo árboles, arbustos y plantas herbáceas. La diversidad específica aumenta la resiliencia del bosque, ya que diferentes especies tienen diferentes roles ecológicos y respuestas a las perturbaciones.

Compatibilidad Ecológica: Las especies seleccionadas deben ser compatibles entre sí y con las condiciones del sitio. Esto implica considerar factores como los requerimientos de luz, agua y nutrientes, así como las interacciones entre plantas, como la competencia y la facilitación. La plantación densa característica del método Miyawaki requiere que las especies puedan coexistir en estrecha proximidad.

Disponibilidad de Plantones: La disponibilidad de plantones de las especies seleccionadas es un factor práctico importante. Es posible que algunas especies nativas no estén disponibles en viveros locales, en cuyo caso puede ser necesario recolectar semillas y producir los plantones en viveros propios.

Preparación del Sitio

La preparación del sitio es una etapa crucial que sienta las bases para la plantación. Involucra la mejora de las condiciones del suelo y la disposición del terreno para soportar el crecimiento de un bosque denso.

Limpieza del Área: El primer paso es limpiar el área de desechos, escombros y vegetación no deseada, especialmente especies invasoras que podrían competir con las plantas nativas. Esta limpieza debe hacerse con cuidado para no perturbar innecesariamente el suelo.

Mejoramiento del Suelo: Basado en el análisis del suelo realizado durante la investigación preliminar, se pueden agregar enmiendas para mejorar la calidad del suelo. Esto puede incluir compost, estiércol, carbón vegetal, o minerales específicos. El objetivo es aumentar la fertilidad del suelo, mejorar su estructura y capacidad de retención de agua, y fomentar la actividad microbiana.

Preparar el terreno para cultivar un bosque utilizando el método Miyawaki es un proceso que requiere una cuidadosa consideración y ejecución. Este proceso se enfoca en mejorar las condiciones del suelo y establecer una base sólida para el crecimiento saludable de un bosque denso y biodiverso. Aquí se detallan los tres primeros pasos esenciales en profundidad.

Paso 1: Conocimiento de la Textura del Suelo

El primer paso fundamental en la preparación del terreno es comprender la textura del suelo. La textura del suelo se refiere a la proporción relativa de arena, limo y arcilla que contiene. Este conocimiento es crucial porque determina cómo el suelo retiene el agua, los nutrientes y el aire, factores esenciales para el crecimiento de las plantas.

Prueba de Cinta

La prueba de cinta es una técnica sencilla que puede realizarse para identificar la textura del suelo:

1. Recolectar una Muestra: Toma una pequeña cantidad de suelo (aproximadamente una cucharada) de diferentes partes del terreno a una profundidad de 10 a 20 cm.
2. Añadir Agua: Mezcla la muestra con un poco de agua para formar una masa maleable.
3. Formar una Cinta: Intenta formar una cinta larga y delgada con la masa de suelo. Observa cómo se comporta el suelo:

   - Suelo Arenoso: La cinta se rompe fácilmente y el suelo se siente áspero al tacto.
   - Suelo Limoso: La cinta se forma pero puede romperse fácilmente y el suelo se siente suave y sedoso.
   - Suelo Arcilloso: La cinta es fuerte y flexible, y el suelo se siente pegajoso y denso.

- *Suelo Arenoso: Necesita enmiendas para mejorar la retención de agua y nutrientes.*
- *Suelo Limoso: Ideal para el cultivo de un bosque Miyawaki debido a su equilibrio entre retención de agua y aireación.*
- *Suelo Arcilloso: Requiere aireadores y otros materiales para mejorar la porosidad y el drenaje.*

Paso 2: Enriquecimiento del Suelo

Una vez que se ha determinado la textura del suelo, el siguiente paso es enriquecerlo con una variedad de materiales. Estos materiales se seleccionan para mejorar la estructura del suelo, aumentar su fertilidad y optimizar su capacidad de retención de agua.

Aireadores (Para Generar Porosidad)

La porosidad del suelo es crucial para el crecimiento saludable de las plantas porque permite una mejor circulación del aire y el agua, facilitando el desarrollo de las raíces. A continuación, se describen algunos de los materiales aireadores más efectivos:

1. *Biomasa: La adición de biomasa al suelo aumenta la cantidad de materia orgánica, mejorando su estructura y capacidad para retener agua y nutrientes. La biomasa puede incluir restos de plantas, hojas y otros materiales orgánicos descompuestos.*
2. *Cáscara de Arroz: Este material ligero y fibroso mejora la aireación y el drenaje del suelo. La cáscara de arroz crea pequeños poros que facilitan el movimiento del aire y el agua, lo que es crucial para las raíces de las plantas.*
3. *Cáscara de Trigo: Similar a la cáscara de arroz, la cáscara de trigo ayuda a mejorar la porosidad del suelo. Además, se descompone lentamente, proporcionando una liberación gradual de nutrientes.*
4. *Cáscara de Maíz: La cáscara de maíz añade fibra al suelo, aumentando su estructura y facilitando la infiltración de agua. Es especialmente útil en suelos arcillosos que necesitan mejorar su drenaje.*
5. *Cáscaras de Cacahuete Picadas: Las cáscaras de cacahuete picadas contribuyen a la textura del suelo, aumentando su porosidad y mejorando el drenaje. Además, aportan nutrientes adicionales al descomponerse.*

Retenedores de Agua

La capacidad de un suelo para retener agua es crucial para el éxito de un bosque Miyawaki, especialmente en regiones con climas secos o irregulares. Los siguientes materiales son efectivos para mejorar la retención de agua en el suelo:

1. *Tallo de Caña de Azúcar: Este material fibroso ayuda a retener la humedad en el suelo, asegurando un suministro constante de agua para las plantas. También mejora la estructura del suelo y proporciona materia orgánica al descomponerse.*
2. *La fibra de coco: conocida como cocopeat, es un excelente material para mantener la humedad. Es capaz de retener grandes cantidades de agua y liberarla gradualmente, proporcionando un entorno constante y húmedo para las raíces de las plantas. Además, mejora la estructura del suelo y promueve el crecimiento de microorganismos beneficiosos.*

Abonos Orgánicos

Los abonos orgánicos son esenciales para mejorar la fertilidad del suelo, proporcionando los nutrientes necesarios para el crecimiento de las plantas. A continuación se describen dos de los abonos orgánicos más utilizados:

1. *Humus de lombriz: El también conocido como el vermicompost, producto de la descomposición de materia orgánica por lombrices. Es rico en nutrientes esenciales como nitrógeno, fósforo y potasio, y contiene microorganismos beneficiosos que mejoran la salud del suelo. La adición de Humus de lombriz mejora la estructura del suelo, aumenta su capacidad de retención de agua y proporciona un suministro constante de nutrientes.*
2. *Estiércol de Vaca: El estiércol de vaca es una fuente tradicional de nutrientes para el suelo. Aporta nitrógeno, fósforo y potasio, así como materia orgánica que mejora la estructura del suelo. El estiércol de vaca también ayuda a retener la humedad y a fomentar la actividad microbiana beneficiosa.*

Paso 3: Aplicación de una Capa de Mantillo

El mantillo es una capa de material orgánico que se aplica sobre la superficie del suelo. Su principal función es proteger y aislar el suelo, ofreciendo una serie de beneficios cruciales para el éxito de un bosque Miyawaki.

Beneficios del Mantillo

1. Retención de Humedad: El mantillo ayuda a conservar la humedad del suelo al reducir la evaporación. Esto es especialmente importante en climas secos o durante períodos de sequía, ya que asegura que las plantas tengan un suministro constante de agua.
2. Regulación de la Temperatura: Actúa como un aislante térmico, protegiendo las raíces de las fluctuaciones extremas de temperatura. En climas cálidos, el mantillo mantiene el suelo fresco, mientras que en climas fríos ayuda a evitar la congelación.
3. Prevención de Malas Hierbas: Una capa de mantillo impide el crecimiento de malas hierbas al bloquear la luz solar. Esto reduce la competencia por los nutrientes y el agua, permitiendo que las plantas deseadas crezcan más saludablemente.
4. Mejora de la Estructura del Suelo: A medida que el mantillo se descompone, enriquece el suelo con materia orgánica. Esto mejora la estructura del suelo, aumenta su capacidad de retención de agua y fomenta la actividad de microorganismos beneficiosos.

Opciones para el Mantillo

Existen varias opciones de materiales orgánicos que pueden utilizarse como mantillo. Cada uno de estos materiales tiene sus propias ventajas y puede seleccionarse según la disponibilidad y las necesidades específicas del sitio:

1. Hierba Seca: La hierba seca es un material de mantillo comúnmente disponible y fácil de aplicar. Proporciona una buena cobertura y se descompone relativamente rápido, enriqueciendo el suelo.
2. Hojas Secas: Las hojas secas son abundantes en muchas áreas y ofrecen una excelente opción para mantillo. Al descomponerse, las hojas añaden nutrientes al suelo y mejoran su estructura.
3. Tallos de Cebada y Trigo: Los tallos de cebada y trigo son materiales fibrosos que proporcionan una buena cobertura y se descomponen lentamente. Son especialmente útiles para mantener la estructura del mantillo durante períodos prolongados.
4. Paja de Arroz y Maíz: La paja de arroz y maíz es ligera y fácil de manejar. Ofrece una buena protección contra la evaporación y la erosión, y mejora la estructura del suelo al descomponerse.

Implementación del Mantillo

Para aplicar el mantillo de manera efectiva, sigue estos pasos:

1. *Preparación del Suelo: Asegúrate de que el suelo esté húmedo antes de aplicar el mantillo. Si es necesario, riegue el suelo para asegurar que esté adecuadamente humedecido.*
2. *Aplicación del Mantillo: Distribuye una capa uniforme de mantillo sobre la superficie del suelo. La capa debe tener un espesor de aproximadamente 5 a 10 cm, dependiendo del material utilizado.*
3. *Mantenimiento del Mantillo: Revisa regularmente la capa de mantillo y reponla según sea necesario. A medida que el mantillo se descompone, agrega más material para mantener una cobertura adecuada.*

Preparación de Hoyos de Plantación: Se deben preparar hoyos de plantación adecuados para las especies seleccionadas. La profundidad y el ancho de los hoyos deben ser suficientes para acomodar las raíces de los plantones y permitir un crecimiento saludable. En algunos casos, puede ser necesario subsolar o arar el suelo para aliviar la compactación y mejorar la infiltración de agua.

Implementación de Medidas de Protección. Si el sitio está expuesto a condiciones adversas, como vientos fuertes o pastoreo de animales, es importante implementar medidas de protección. Esto puede incluir la instalación de cercas, cortavientos o mallas protectoras.

Plantación

La etapa de plantación es cuando el bosque comienza a tomar forma. En el método Miyawaki, esta etapa se realiza de manera intensiva y coordinada para asegurar una alta densidad y diversidad de plantación.

Organización del Trabajo: La plantación debe ser cuidadosamente organizada y planificada. Esto incluye la asignación de tareas a los equipos de trabajo, la disposición de los plantones y herramientas, y la coordinación de la logística.

4.4.2 Plantación Densa: Uno de los principios clave del método Miyawaki es la plantación densa. Se plantan varios árboles y arbustos por metro cuadrado, generalmente entre 3 y 5 plantas. Esta densidad imita las condiciones de un bosque natural joven y promueve una rápida cobertura del suelo y un crecimiento vertical competitivo.

Disposición en Capas: Las especies se disponen en capas, imitando la estructura de un bosque natural. Esto incluye una capa superior de árboles altos, una capa intermedia de árboles de tamaño medio y una capa inferior de arbustos y plantas herbáceas. Esta disposición maximiza el uso del espacio y la luz, y fomenta la creación de un microclima adecuado.

Técnicas de Plantación: Las técnicas de plantación deben asegurar que las raíces de los plantones estén bien establecidas en el suelo y que tengan suficiente acceso a agua y nutrientes. Esto puede incluir el riego inicial, la aplicación de mantillo alrededor de las bases de las plantas y la protección contra el sol intenso o las heladas.

Mantenimiento Inicial

El mantenimiento inicial es crucial para asegurar la supervivencia y el crecimiento saludable de los plantones durante los primeros años.

Riego Regular: Durante los primeros meses, los plantones necesitan un riego regular para establecerse. Esto es especialmente importante en áreas con baja precipitación o durante períodos de sequía. El riego debe ser profundo para promover el desarrollo de raíces profundas.

Control de Malezas: El control de malezas es esencial para reducir la competencia por recursos. Esto puede hacerse manualmente o con el uso de coberturas orgánicas, como paja o hojas caídas, que también ayudan a mantener la humedad del suelo y mejorar su estructura.

Protección contra Plagas y Enfermedades: Es importante monitorear las plantas para detectar signos de plagas y enfermedades. En caso de infestación, se deben tomar medidas rápidas y adecuadas, preferiblemente utilizando métodos ecológicos que no dañen el equilibrio del ecosistema.

Poda y Deshierbe: La poda puede ser necesaria para eliminar ramas muertas o dañadas y para dar forma a los árboles jóvenes. El deshierbe regular ayuda a mantener el área limpia y reduce la competencia por nutrientes y agua.

Monitoreo y Evaluación

El monitoreo y la evaluación son esenciales para medir el éxito del proyecto y hacer ajustes necesarios.

Monitoreo de Crecimiento: Se debe realizar un monitoreo regular del crecimiento de las plantas. Esto incluye medir la altura, el diámetro del tronco y la cobertura del follaje. Estos datos ayudan a evaluar la salud y el vigor del bosque en desarrollo.

Evaluación de la Biodiversidad: La evaluación de la biodiversidad incluye el monitoreo de la variedad de especies vegetales y animales que se establecen en el área. Un aumento en la biodiversidad es un indicador positivo de la restauración del ecosistema.

Análisis del Suelo: Se deben realizar análisis periódicos del suelo para evaluar cambios en su fertilidad, estructura y contenido de materia orgánica. Un suelo saludable es crucial para el éxito a largo plazo del bosque.

Revisión de Metas y Estrategias: Basado en los datos de monitoreo y evaluación, se deben revisar y ajustar las metas y estrategias del proyecto. Esto puede incluir cambios en las prácticas de manejo, la introducción de nuevas especies, o la implementación de medidas adicionales de protección y mantenimiento.

Con estos pasos, el método Miyawaki puede transformar terrenos degradados en bosques nativos densos y biodiversos, contribuyendo a la restauración ecológica y al combate contra el cambio climático. Cada etapa es esencial y debe ser realizada con cuidado y precisión para asegurar el éxito del proyecto.

Beneficios del Método Miyawaki.

El método Miyawaki, conocido por su capacidad para restaurar bosques nativos densos y biodiversos en un corto período de tiempo, ofrece una multitud de beneficios ambientales, sociales y económicos. En este capítulo, exploraremos estos beneficios en detalle, abarcando desde el crecimiento rápido y la alta biodiversidad hasta la mitigación del cambio climático, la mejora de la calidad del suelo y del agua, y la conexión comunitaria.

Crecimiento Rápido

Uno de los aspectos más impresionantes del método Miyawaki es la rapidez con la que los bosques plantados crecen y se desarrollan.

Desarrollo Acelerado: El método Miyawaki promueve un crecimiento acelerado de los árboles en comparación con otras técnicas de reforestación. Esto se debe a la plantación densa y la selección cuidadosa de especies nativas que están bien adaptadas a las condiciones locales. Como resultado, los árboles compiten por la luz y los nutrientes, lo que fomenta un crecimiento vertical rápido y una cobertura del suelo más rápida.

Estructura de Bosque Maduro : En un período de aproximadamente 20 a 30 años, los bosques plantados utilizando el método Miyawaki pueden alcanzar una estructura similar a la de un bosque maduro que podría tardar más de 200 años en formarse de manera natural. Esto incluye la formación de múltiples capas de vegetación, desde el sotobosque hasta el dosel.

Resiliencia a las Condiciones Adversas: El crecimiento rápido también contribuye a la resiliencia de los bosques. Las raíces profundas y la densa cobertura del suelo ayudan a los árboles a resistir condiciones adversas como sequías, vientos fuertes y plagas. Esta resiliencia es especialmente importante en el contexto del cambio climático, donde las condiciones ambientales pueden ser impredecibles.

Alta Biodiversidad

La alta biodiversidad es un principio central del método Miyawaki y uno de sus beneficios más significativos.

Ecosistemas Complejos: Al utilizar una amplia variedad de especies nativas, el método Miyawaki crea ecosistemas complejos y equilibrados. Esta diversidad específica incluye árboles, arbustos y plantas herbáceas que interactúan entre sí y con su entorno, formando una red ecológica robusta.

Hábitat para la Fauna: Los bosques Miyawaki proporcionan hábitats para una amplia gama de especies animales, desde insectos y aves hasta mamíferos pequeños. La diversidad vegetal ofrece alimento y refugio, apoyando la vida silvestre local y aumentando la biodiversidad general del área.

Resistencia a Plagas y Enfermedades: Un ecosistema biodiverso es más resistente a plagas y enfermedades. La variedad de especies crea un entorno en el que los patógenos y los herbívoros específicos tienen más dificultades para propagarse, lo que reduce la necesidad de intervenciones humanas y el uso de pesticidas.

Polinización y Ciclo de Nutrientes: La alta biodiversidad también mejora los procesos ecológicos como la polinización y el ciclo de nutrientes. Las diferentes especies de plantas atraen a una variedad de polinizadores, lo que mejora la reproducción de las plantas. Además, la diversidad de plantas contribuye a un ciclo de nutrientes más eficiente y sostenible, enriqueciendo el suelo y promoviendo un crecimiento saludable.

Mitigación del Cambio Climático

El método Miyawaki juega un papel importante en la mitigación del cambio climático a través de varios mecanismos.

Captura de Carbono: Los bosques Miyawaki capturan y almacenan carbono de manera eficiente. Los árboles y otras plantas absorben dióxido de carbono (CO_2) de la atmósfera durante la fotosíntesis y lo almacenan en su biomasa (troncos, ramas, hojas y raíces). Esto ayuda a reducir la cantidad de CO_2 en la atmósfera, uno de los principales gases de efecto invernadero responsables del calentamiento global.

Regulación del Clima Local: Además de la captura de carbono, los bosques influyen en el clima local mediante la regulación de la temperatura y la humedad. La evapotranspiración de las plantas enfría el aire y aumenta la humedad, creando un microclima más favorable que puede ayudar a moderar las temperaturas extremas.

Reducción del Efecto Isla de Calor: En áreas urbanas, los bosques Miyawaki pueden ayudar a reducir el efecto isla de calor, donde las temperaturas urbanas son significativamente más altas que las áreas rurales circundantes. La densa vegetación proporciona sombra y enfriamiento, mejorando el confort térmico y la calidad de vida en las ciudades.

Mejora de la Calidad del Suelo y del Agua

Los bosques Miyawaki contribuyen significativamente a la mejora de la calidad del suelo y del agua.

Erosión del Suelo: La densa cobertura del suelo por plantas y árboles reduce significativamente la erosión del suelo. Las raíces de las plantas estabilizan el suelo, disminuyendo la escorrentía superficial y previniendo la pérdida de suelo fértil durante las lluvias intensas.

Aumento de la Fertilidad del Suelo: La alta diversidad de plantas mejora la estructura del suelo y su contenido de materia orgánica. Las hojas caídas y otros residuos vegetales se descomponen y enriquecen el suelo, aumentando su fertilidad y capacidad de retención de agua. Esto crea un ambiente propicio para el crecimiento de plantas saludables y sostenibles.

Filtración de Agua: Los bosques actúan como filtros naturales, mejorando la calidad del agua subterránea. Las raíces de las plantas y los microorganismos del suelo ayudan a filtrar contaminantes, reduciendo la carga de nutrientes y metales pesados en el agua. Esto es especialmente importante en áreas con fuentes de agua contaminadas o en riesgo de contaminación.

Regulación del Ciclo Hidrológico: La vegetación densa también regula el ciclo hidrológico al mejorar la infiltración del agua de lluvia y reducir la escorrentía superficial. Esto ayuda a recargar los acuíferos subterráneos y mantener un flujo constante de agua en ríos y arroyos, contribuyendo a la sostenibilidad de los recursos hídricos.

Conexión Comunitaria

El método Miyawaki también ofrece beneficios sociales significativos al fomentar la conexión comunitaria y la participación ciudadana.

Participación Comunitaria: La plantación de bosques Miyawaki a menudo involucra la participación activa de la comunidad local. Los residentes, incluidos niños y ancianos, pueden participar en la plantación y el cuidado de los árboles, creando un sentido de pertenencia y responsabilidad hacia el medio ambiente.

Educación Ambiental: Estos proyectos ofrecen oportunidades para la educación ambiental. A través de talleres y actividades prácticas, las comunidades pueden aprender sobre la importancia de la biodiversidad, la conservación del suelo y del agua, y las acciones para mitigar el cambio climático. Esto promueve una mayor conciencia y acción ambiental a largo plazo.

Espacios Recreativos y de Bienestar: Los bosques urbanos creados mediante el método Miyawaki proporcionan espacios recreativos y de bienestar para las comunidades. Estos bosques pueden ser lugares para caminatas, ejercicios, *observación de aves y actividades recreativas, mejorando la calidad de vida y el bienestar mental de los residentes.*

Fortalecimiento del Tejido Social: La participación en proyectos de reforestación fortalece el tejido social al fomentar la colaboración y el trabajo en equipo. Las actividades comunitarias en torno a la plantación y el cuidado de los bosques crean lazos entre los miembros de la comunidad, promoviendo un sentido de unidad y propósito compartido.

En resumen, el método Miyawaki no solo ofrece beneficios ecológicos significativos, sino que también tiene un impacto positivo en la sociedad y el bienestar humano. Desde el crecimiento rápido y la alta biodiversidad hasta la mitigación del cambio climático y la mejora de la calidad del suelo y del agua, este método representa una herramienta poderosa para la restauración ambiental y la creación de comunidades más sostenibles y conectadas.

Preparación del Suelo y Selección de Especies.

La preparación del suelo y la selección de especies son etapas fundamentales en el método Miyawaki. La calidad del suelo y la adecuación de las especies plantadas determinan en gran medida el éxito del proyecto de reforestación. En este capítulo, exploraremos los métodos de mejoramiento del suelo, los criterios para la selección de especies y las listas de especies comunes en diferentes regiones.

Métodos de Mejoramiento del Suelo

El suelo es la base de cualquier ecosistema forestal, y su calidad es crucial para el crecimiento saludable de las plantas. Mejorar el suelo implica aumentar su fertilidad, estructura y capacidad de retención de agua.

Análisis del Suelo: El primer paso en el mejoramiento del suelo es realizar un análisis exhaustivo para determinar su composición química y física. Esto incluye evaluar el pH, la textura, la estructura, el contenido de materia orgánica y los niveles de nutrientes esenciales como nitrógeno, fósforo y potasio.

Enmiendas Orgánicas: Las enmiendas orgánicas, como el compost, el estiércol bien descompuesto y el carbón vegetal, son fundamentales para mejorar la calidad del suelo. Estas enmiendas aumentan la materia orgánica, mejoran la estructura del suelo y aumentan su capacidad de retención de agua. Además, fomentan la actividad microbiana, que es vital para la salud del suelo.

Mejora de la Estructura del Suelo: La estructura del suelo se puede mejorar mediante la incorporación de materiales que aumenten su aireación y drenaje. Por ejemplo, la arena y la perlita pueden ser añadidas a suelos arcillosos para mejorar su drenaje, mientras que la turba y el humus pueden ayudar a retener la humedad en suelos arenosos.

Ajuste del pH: El pH del suelo debe ser ajustado para adecuarse a las necesidades de las especies seleccionadas. En general, un pH entre 6 y 7 es ideal para la mayoría de las plantas. Para suelos ácidos, se puede añadir cal agrícola, mientras que para suelos alcalinos, se puede utilizar sulfato de aluminio o azufre elemental.

Uso de Coberturas Orgánicas: Las coberturas orgánicas, como la paja, las hojas caídas y el mantillo de corteza, ayudan a conservar la humedad del suelo, reducir la erosión y añadir nutrientes a medida que se descomponen. También actúan como una barrera contra las malas hierbas y moderan las fluctuaciones de temperatura del suelo.

Implementación de Prácticas de Conservación del Suelo: Prácticas como la plantación en contornos y la creación de terrazas pueden reducir la erosión y mejorar la infiltración de agua. Estas prácticas son especialmente importantes en áreas con pendientes pronunciadas.

Criterios para la Selección de Especies

La selección de especies es una de las decisiones más importantes en el método Miyawaki. Las especies seleccionadas deben ser adecuadas para las condiciones locales y cumplir con varios criterios para asegurar su supervivencia y el éxito del proyecto.

Adaptación a las Condiciones Locales: Las especies seleccionadas deben ser nativas y estar bien adaptadas a las condiciones climáticas y del suelo de la región. Esto incluye considerar la temperatura, la precipitación, la humedad y la altitud del sitio.

Diversidad Específica: Se debe seleccionar una amplia variedad de especies para crear un ecosistema equilibrado y resiliente. La diversidad específica aumenta la estabilidad del ecosistema, reduce la susceptibilidad a plagas y enfermedades, y mejora la eficiencia en el uso de los recursos.

Funcionalidad Ecológica: Las especies deben ser seleccionadas en función de sus roles ecológicos. Esto incluye árboles de diferentes alturas para formar capas del bosque, arbustos que proporcionen hábitat y alimento para la fauna, y plantas herbáceas que cubran el suelo y prevengan la erosión.

Disponibilidad de Plantones: La disponibilidad de plantones es un factor práctico importante. Es crucial asegurarse de que las especies seleccionadas estén disponibles en viveros locales o planificar con antelación para la producción de plantones en viveros propios.

Compatibilidad Entre Especies: Las especies deben ser compatibles entre sí y con las condiciones del sitio. Esto incluye considerar sus necesidades de luz, agua y nutrientes, así como las interacciones entre plantas, como la competencia y la facilitación.

Listas de Especies Comunes en Diferentes Regiones

A continuación, se presentan listas de especies comunes utilizadas en el método Miyawaki en diferentes regiones del mundo. Estas listas son solo ejemplos y deben ser adaptadas según las condiciones específicas de cada sitio.

Regiones Tropicales

- Árboles:
    - Dipterocarpus spp.
    - Shorea spp.
    - Swietenia macrophylla (Caoba)
    - Ficus spp.
    - Tectona grandis (Teca)
- Arbustos:
    - Hibiscus rosa-sinensis (Hibisco)
    - Piper nigrum (Pimienta negra)
    - Melastoma malabathricum
- Plantas Herbáceas:
    - Alpinia galanga (Galanga)
    - Curcuma longa (Cúrcuma)
    - Zingiber officinale (Jengibre)

Regiones Templadas

- Árboles:
    - Quercus robur (Roble común)
    - Acer pseudoplatanus (Arce sicómoro)
    - Betula pendula (Abedul)
    - Fagus sylvatica (Haya)
    - Pinus sylvestris (Pino silvestre)
- Arbustos:
    - Rosa canina (Escaramujo)
    - Sambucus nigra (Saúco)
    - Corylus avellana (Avellano)
- Plantas Herbáceas:
    - Anemone nemorosa (Anémona de bosque)
    - Galium odoratum (Aspérula olorosa)
    - Primula vulgaris (Primavera común)

Regiones Mediterráneas

- Árboles:
    - Quercus ilex (Encina)
    - Olea europaea (Olivo)
    - Pinus halepensis (Pino carrasco)
    - Ceratonia siliqua (Algarrobo)

- *Arbutus unedo (Madroño)*
- *Arbustos:*
  - *Lavandula angustifolia (Lavanda)*
  - *Rosmarinus officinalis (Romero)*
  - *Cistus albidus (Jara blanca)*
- *Plantas Herbáceas:*
  - *Thymus vulgaris (Tomillo)*
  - *Salvia officinalis (Salvia)*
  - *Origanum vulgare (Orégano)*

Regiones Boreales

- *Árboles:*
  - *Picea abies (Abeto rojo)*
  - *Betula pubescens (Abedul pubescente)*
  - *Pinus cembra (Pino cembro)*
  - *Larix decidua (Alerce europeo)*
  - *Populus tremula (Álamo temblón)*
- *Arbustos:*
  - *Vaccinium myrtillus (Arándano)*
  - *Empetrum nigrum (Camarina negra)*
  - *Juniperus communis (Enebro)*
- *Plantas Herbáceas:*
  - *Maianthemum bifolium (Lirio de los valles)*
  - *Linnaea borealis (Linnea)*
  - *Rhododendron tomentosum (Rododendro)*

Regiones Áridas y Semiáridas

- *Árboles:*
  - *Acacia tortilis (Acacia paraguas)*
  - *Prosopis juliflora (Mesquite)*
  - *Tamarix aphylla (Tamarisco)*
  - *Ziziphus mauritiana (Azufaifo)*
  - *Phoenix dactylifera (Palmera datilera)*
- *Arbustos:*
  - *Leptadenia pyrotechnica*
  - *Calotropis procera (Algodoncillo)*
  - *Salvadora persica (Árbol cepillo de dientes)*
- *Plantas Herbáceas:*
  - *Cenchrus ciliaris (Pastizal búfalo)*
  - *Aristida spp.*
  - *Salsola spp.*

Técnicas de Plantación y Mantenimiento.

El método Miyawaki no solo se basa en la correcta preparación del suelo y la selección adecuada de especies, sino también en técnicas de plantación y mantenimiento meticulosas. Estas técnicas garantizan que las plantas jóvenes tengan las mejores condiciones para crecer y desarrollarse en bosques densos y biodiversos. En este capítulo, exploraremos los procedimientos específicos de plantación, técnicas de riego y control de malezas, y métodos para proteger contra animales y plagas.

Procedimientos Específicos de Plantación

La plantación es una etapa crucial en el método Miyawaki y debe realizarse con precisión y cuidado para asegurar la supervivencia y el crecimiento saludable de las plantas.

Diseño del Espacio de Plantación: Antes de la plantación, se debe diseñar el espacio de plantación, teniendo en cuenta la densidad y la distribución de las especies seleccionadas. Las plantas se disponen de manera densa, aproximadamente 3-5 plantas por metro cuadrado, para imitar la estructura de un bosque natural y fomentar la competencia entre las plantas, lo que resulta en un crecimiento rápido y robusto.

Preparación de los Hoyos de Plantación: Los hoyos de plantación deben cavarse con anticipación y tener un tamaño adecuado para acomodar las raíces de las plantas jóvenes sin restricciones. En general, se recomienda que los hoyos tengan al menos 30 cm de profundidad y 30 cm de ancho. Se puede mezclar compost o enmiendas orgánicas en el fondo del hoyo para mejorar la fertilidad del suelo.

Plantación de Especies Diversas: Durante la plantación, es importante mezclar las especies de manera aleatoria pero estratégica para asegurar la diversidad y evitar la competencia directa entre plantas de la misma especie. Las plantas más altas se colocan en el centro del espacio de plantación, mientras que los arbustos y plantas herbáceas se sitúan en los bordes.

Compactación y Riego Inicial: Una vez que las plantas están en su lugar, se debe compactar ligeramente el suelo alrededor de las raíces para eliminar bolsas de aire y asegurar un buen contacto entre las raíces y el suelo. Luego, se realiza un riego inicial abundante para asentar el suelo y proporcionar humedad suficiente para las plantas jóvenes.

Técnicas de Riego y Control de Malezas

El riego y el control de malezas son aspectos esenciales del mantenimiento inicial del bosque Miyawaki para asegurar que las plantas jóvenes tengan acceso a los recursos necesarios para su crecimiento.

Sistemas de Riego: Durante los primeros años, es crucial mantener un régimen de riego adecuado para apoyar el establecimiento de las plantas. Se pueden utilizar sistemas de riego por goteo para proporcionar agua de manera eficiente y uniforme. Estos sistemas también ayudan a reducir la evaporación y el desperdicio de agua.

Frecuencia y Cantidad de Riego: La frecuencia y la cantidad de riego dependen de las condiciones climáticas y del tipo de suelo. En general, se recomienda regar las plantas jóvenes una o dos veces por semana durante la estación seca. Es importante asegurar que el suelo esté húmedo pero no saturado, ya que el exceso de agua puede provocar enfermedades de las raíces.

Control de Malezas: El control de malezas es fundamental para reducir la competencia por nutrientes y agua. Se pueden utilizar coberturas orgánicas, como paja, hojas caídas o mantillo de corteza, para suprimir el crecimiento de malezas. Además, se debe realizar un desmalezado manual regular, especialmente durante los primeros dos años.

Uso de Herbicidas Naturales: En lugar de herbicidas químicos, se pueden utilizar herbicidas naturales y métodos mecánicos para controlar las malezas. Por ejemplo, una solución de vinagre y agua puede ser efectiva para controlar malezas pequeñas, mientras que el desmalezado manual y la labranza superficial pueden ayudar a mantener el área libre de malezas.

Protección contra Animales y Plagas

Proteger las plantas jóvenes de animales y plagas es crucial para asegurar su supervivencia y crecimiento saludable.

Cercas y Barreras Físicas: Para proteger las plantas de animales herbívoros, se pueden instalar cercas alrededor del área de plantación. Las cercas deben ser lo suficientemente altas para evitar el acceso de ciervos y otros animales grandes. Además, se pueden utilizar protectores de tronco individuales para proteger las plantas más pequeñas.

Uso de Repelentes Naturales: Los repelentes naturales, como soluciones de ajo, pimienta y jabón, pueden ser efectivos para disuadir a los animales herbívoros y algunas plagas. Estos repelentes se pueden rociar sobre las plantas y alrededor del área de plantación.

Monitoreo y Control de Plagas: Es importante monitorear regularmente el área de plantación en busca de signos de plagas. El control biológico, mediante el uso de depredadores naturales como mariquitas y avispas parasitoides, puede ser una opción efectiva y ecológica para controlar las plagas. En casos severos, se pueden utilizar insecticidas orgánicos o biopesticidas.

Mantenimiento de la Salud del Suelo: Mantener la salud del suelo también ayuda a prevenir las plagas y enfermedades. Un suelo bien equilibrado con alta actividad microbiana y materia orgánica saludable promueve plantas fuertes y resistentes que son menos susceptibles a ataques de plagas y enfermedades.

Plantación de Especies Atractivas para Fauna Beneficiosa: Incluir plantas que atraen fauna beneficiosa, como polinizadores y depredadores naturales de plagas, puede ayudar a mantener un equilibrio ecológico. Plantar flores nativas y hierbas aromáticas puede atraer abejas, mariposas y otros insectos beneficiosos que contribuyen al control biológico de plagas.

La implementación de técnicas de plantación y mantenimiento adecuadas es esencial para el éxito del método Miyawaki. Desde la plantación precisa y la gestión efectiva del riego y las malezas hasta la protección contra animales y plagas, cada paso contribuye al establecimiento de un bosque denso, biodiverso y resiliente. Con estos cuidados, los bosques Miyawaki pueden prosperar y cumplir su objetivo de restaurar ecosistemas naturales y proporcionar beneficios ambientales y sociales duraderos.

Casos de Estudio y Ejemplos de Éxito.

El método Miyawaki ha sido implementado en diversas regiones del mundo con notables éxitos. Este capítulo presenta una serie de casos de estudio que destacan cómo este método ha sido utilizado para restaurar ecosistemas, crear bosques urbanos y mejorar la biodiversidad y la calidad de vida en diferentes comunidades.

Japón: Restauración de Bosques Costeros y Áreas Devastadas

Japón, país de origen del método Miyawaki, ha visto numerosos proyectos exitosos que utilizan esta técnica, especialmente en la restauración de bosques costeros y áreas devastadas por desastres naturales.

Restauración de Bosques Costeros: Uno de los proyectos más emblemáticos se llevó a cabo en la costa de la prefectura de Miyagi, después del devastador tsunami de 2011. El método Miyawaki fue utilizado para restaurar los bosques costeros que sirven como barreras naturales contra tsunamis y tifones. Plantando especies nativas y adecuadas a las condiciones locales, se logró crear un bosque denso y resiliente que no solo protege a las comunidades costeras, sino que también ofrece un hábitat para la fauna local y mejora la biodiversidad.

Recuperación de Áreas Devastadas por el Terremoto de Kobe: Después del terremoto de Kobe en 1995, el método Miyawaki se utilizó para rehabilitar áreas urbanas devastadas. Estos esfuerzos no solo ayudaron a restaurar el medio ambiente local, sino que también proporcionaron a las comunidades un sentido de esperanza y recuperación. La plantación densa de especies nativas ayudó a estabilizar el suelo y prevenir la erosión, mientras que los nuevos bosques urbanos ofrecieron espacios verdes para la recreación y la mejora de la calidad del aire.

India: Creación de Bosques Urbanos

India ha adoptado el método Miyawaki para abordar los desafíos de la urbanización y la pérdida de espacios verdes. Varias ciudades han implementado proyectos de bosques urbanos con gran éxito.

Bosques Urbanos en Chennai: Una de las principales ciudades de India, ha visto la creación de múltiples bosques urbanos utilizando el método Miyawaki. Estos proyectos, implementados en terrenos baldíos y áreas degradadas, han transformado espacios subutilizados en exuberantes áreas verdes. Los bosques *urbanos no solo han mejorado la calidad del aire y reducido la contaminación acústica, sino que también han proporcionado hábitats para aves y mariposas, aumentando la biodiversidad urbana.*

Proyecto Miyawaki en Mumbai: Mumbai, otra megaciudad india, ha implementado el método Miyawaki en diversas áreas para combatir la contaminación y mejorar la calidad de vida de sus residentes. Uno de los proyectos destacados es el bosque urbano en la región de Powai, donde se plantaron más de 4,000 árboles de diferentes especies nativas en un área de aproximadamente 2,000 metros cuadrados. Este bosque ha crecido rápidamente, convirtiéndose en un pulmón verde en el corazón de la ciudad y un refugio para la fauna urbana.

Europa: Implementación en Ciudades Francesas y Belgas

El método Miyawaki ha encontrado un terreno fértil en Europa, particularmente en Francia y Bélgica, donde ha sido adoptado para mejorar la biodiversidad urbana y crear espacios verdes en áreas densamente pobladas.

España: Bosques Urbanos en Madrid y Barcelona

En Madrid, el método Miyawaki ha sido implementado para crear pequeños bosques en áreas urbanas y periurbanas. Uno de los proyectos más destacados se encuentra en Las Rozas, donde se ha transformado un espacio abandonado en un vibrante ecosistema forestal. Este proyecto ha sido muy bien recibido por la comunidad y ha demostrado ser eficaz en la mejora de la biodiversidad y en la provisión de espacios de recreación y educación ambiental.

Barcelona también ha adoptado esta técnica con varios proyectos que buscan no solo aumentar la cobertura forestal, sino también involucrar a la comunidad en actividades de plantación y mantenimiento. Un ejemplo notable es el bosque urbano en el barrio de Poblenou, donde se ha creado un espacio verde que promueve la biodiversidad y ofrece un área de esparcimiento para los residentes locales. Estos proyectos han ayudado a concienciar sobre la importancia de los espacios verdes y la biodiversidad en entornos urbanos.

Valencia: Bosques Miyawaki en el Jardín del Turia y el Parque de Cabecera

En Valencia, se han implementado proyectos de bosques Miyawaki con un enfoque en la educación ambiental y la participación comunitaria. En el Jardín del Turia, por ejemplo, se ha plantado un bosque Miyawaki que permite a los visitantes aprender sobre la naturaleza y la sostenibilidad de manera práctica. Este proyecto no solo mejora la biodiversidad del área, sino que también proporciona un espacio verde adicional en el corazón de la ciudad.

En el Parque de Cabecera, otro proyecto notable ha transformado una sección del parque en un denso y diverso ecosistema forestal. Los residentes locales han participado activamente en la plantación y el mantenimiento de este bosque, fomentando un sentido de comunidad y aumentando la conciencia sobre la importancia de la biodiversidad urbana.

Francia: Bosques Urbanos en París y Lyon: En París, el método Miyawaki ha sido utilizado para crear pequeños bosques en áreas urbanas y periurbanas. Estos proyectos han sido bien recibidos por la comunidad y han demostrado ser efectivos en mejorar la biodiversidad y ofrecer espacios de recreación y educación ambiental. Un ejemplo notable es el bosque urbano en el distrito 18, donde un área abandonada fue transformada en un vibrante ecosistema forestal.

Lyon también ha adoptado esta técnica, con proyectos que buscan no solo aumentar la cobertura forestal, sino también involucrar a la comunidad en actividades de plantación y mantenimiento. Estos proyectos han ayudado a concienciar sobre la importancia de los espacios verdes y la biodiversidad en entornos urbanos.

América del Sur: Implementaciones y Proyectos Destacados

El método Miyawaki también ha sido adoptado en América del Sur, donde ha mostrado su potencial para la restauración ecológica y la creación de bosques urbanos.

Brasil: Reforestación en la Amazonía y Bosques Urbanos: En Brasil, el método Miyawaki ha sido utilizado en varios proyectos de reforestación, tanto en áreas urbanas como rurales. En la Amazonía, la técnica se ha implementado para restaurar áreas degradadas, promoviendo la recuperación de la biodiversidad y la resiliencia de los ecosistemas locales. Estos proyectos han involucrado a comunidades locales y han demostrado ser efectivos en la regeneración de la cubierta forestal y en la mejora de la calidad del suelo.

En áreas urbanas como São Paulo y Río de Janeiro, el método Miyawaki se ha utilizado para crear bosques urbanos en terrenos baldíos y parques. Estos bosques han ayudado a mitigar la contaminación, mejorar la calidad del aire y proporcionar espacios verdes accesibles para la recreación y el bienestar de los residentes.

Chile: Restauración de Ecosistemas Degradados: En Chile, el método Miyawaki ha sido adoptado para la restauración de ecosistemas degradados en la región central y sur del país. Proyectos en áreas como Valparaíso y la región del Biobío han utilizado esta técnica para recuperar terrenos afectados por incendios forestales y la expansión urbana. Los resultados han mostrado una rápida recuperación de la vegetación nativa y un aumento en la biodiversidad local.

Colombia: Bosques Urbanos en Bogotá y Medellín: En Colombia, ciudades como Bogotá y Medellín han implementado el método Miyawaki para abordar la falta de espacios verdes y mejorar la calidad de vida urbana. En Bogotá, varios proyectos piloto han transformado áreas degradadas en vibrantes bosques urbanos, mejorando la biodiversidad y proporcionando espacios recreativos para la comunidad. En Medellín, la técnica se ha utilizado para crear corredores verdes que conectan diferentes partes de la ciudad, promoviendo la movilidad sostenible y la salud ambiental.

Argentina: Iniciativas de Reforestación y Educación Ambiental: Argentina ha visto la adopción del método Miyawaki en proyectos de reforestación y educación ambiental. En la región de la Patagonia, la técnica se ha utilizado para restaurar áreas afectadas por la deforestación y el cambio climático, promoviendo la resiliencia de los ecosistemas locales. Además, en Buenos Aires, se han creado bosques urbanos en colaboración con escuelas y comunidades, fomentando la educación ambiental y la participación ciudadana en la conservación de la naturaleza.

Otros Ejemplos Globales

El método Miyawaki ha sido adoptado en diversas partes del mundo, demostrando su versatilidad y efectividad en diferentes contextos.

Kenia: Creación de Bosques Comunitarios: En Kenia, el método Miyawaki ha sido adoptado para crear bosques comunitarios en áreas rurales. Estos proyectos no solo mejoran la biodiversidad y la calidad del suelo, sino que también proporcionan recursos naturales y oportunidades económicas para las comunidades locales. La participación comunitaria es un componente clave, asegurando que los bosques sean cuidados y valorados por los residentes locales.

Estados Unidos: Bosques Urbanos en Nueva York y Los Ángeles: En los Estados Unidos, ciudades como Nueva York y Los Ángeles han comenzado a explorar el método Miyawaki para abordar la falta de espacios verdes y mejorar la biodiversidad urbana. En Nueva York, proyectos piloto en parques y áreas urbanas han demostrado ser efectivos en crear espacios verdes densos y biodiversos. En

Los Ángeles, la plantación de bosques Miyawaki en vecindarios de bajos ingresos ha ayudado a mejorar la calidad del aire y proporcionar espacios recreativos para la comunidad.

Estos casos de estudio y ejemplos de éxito demuestran la efectividad y versatilidad del método Miyawaki en diferentes contextos y regiones del mundo. La capacidad de este método para restaurar ecosistemas, mejorar la biodiversidad y proporcionar beneficios sociales y ambientales lo convierte en una herramienta valiosa en la lucha contra la degradación ambiental y el cambio climático.

Impacto Ambiental y Social del Método Miyawaki.

El método Miyawaki, desarrollado por el botánico japonés Akira Miyawaki, es una técnica innovadora de reforestación que ha ganado reconocimiento global por su capacidad para restaurar rápidamente ecosistemas forestales nativos y mejorar la biodiversidad. Este capítulo profundiza en el impacto ambiental y social del método Miyawaki, explorando sus contribuciones a la biodiversidad y la fauna local, los beneficios para la comunidad y la salud pública, y una comparación con otros métodos de reforestación.

Contribuciones a la Biodiversidad y la Fauna Local

Uno de los aspectos más destacados del método Miyawaki es su impacto positivo en la biodiversidad y la fauna local. A través de una plantación densa y la selección cuidadosa de especies nativas, esta técnica crea un entorno favorable para una amplia gama de flora y fauna.

Diversidad de Especies Vegetales

El método Miyawaki se basa en la plantación de una amplia variedad de especies nativas, lo que resulta en una alta diversidad de plantas. Esta diversidad es crucial para la salud y la resiliencia del ecosistema, ya que cada especie cumple un rol específico en el ecosistema forestal. Algunas proporcionan sombra, otras enriquecen el suelo con nutrientes, y otras más ofrecen alimento y refugio a la fauna.

La variedad de especies también reduce la susceptibilidad del bosque a plagas y enfermedades. En un ecosistema diverso, la probabilidad de que una única plaga o enfermedad cause daño significativo es menor, ya que diferentes especies tienen diferentes resistencias y mecanismos de defensa. Esta diversidad estructural y funcional es un sello distintivo de los bosques creados mediante el método Miyawaki y es fundamental para su éxito a largo plazo.

Hábitats para la Fauna

La densa y diversa vegetación de los bosques Miyawaki proporciona hábitats adecuados para una gran variedad de fauna, incluyendo aves, mamíferos, insectos y otros invertebrados. A medida que el bosque madura, se crean diferentes estratos vegetales, desde el sotobosque hasta el dosel, cada uno ofreciendo nichos específicos para diferentes especies.

Por ejemplo, los pájaros encuentran en estos bosques lugares seguros para anidar y una abundancia de alimentos, como insectos y frutos. Los insectos polinizadores, como las abejas y las mariposas, se benefician de la diversidad de plantas con flores. Los mamíferos pequeños, como los roedores y los murciélagos, encuentran refugio y fuentes de alimento en el sotobosque y en los árboles más grandes. Este aumento en la diversidad y la abundancia de la fauna local es uno de los indicadores más claros del éxito del método Miyawaki en la restauración de ecosistemas.

Ciclos de Nutrientes y Suelo Saludable

La diversidad de plantas en un bosque Miyawaki también mejora los ciclos de nutrientes y la salud del suelo. Diferentes especies de plantas tienen diferentes necesidades y capacidades para absorber y reciclar nutrientes. Algunas especies fijan nitrógeno en el suelo, mientras que otras son eficaces en la descomposición de materia orgánica, lo que enriquece el suelo con nutrientes esenciales.

Un suelo saludable y bien estructurado es crucial para el crecimiento de las plantas y la resistencia del ecosistema a eventos extremos, como sequías o inundaciones. La alta densidad de plantas y la variedad de especies en un bosque Miyawaki promueven la formación de una capa de humus rica en nutrientes, lo que a su vez sostiene una comunidad biológica del suelo diverso y activo. Este ciclo positivo de enriquecimiento del suelo y crecimiento vegetal es fundamental para la sostenibilidad del bosque a largo plazo.

Beneficios para la Comunidad y la Salud Pública

Más allá de sus impactos ambientales, el método Miyawaki ofrece una serie de beneficios significativos para las comunidades locales y la salud pública.

Mejora de la Calidad del Aire y Reducción de la Contaminación

Los bosques urbanos creados mediante el método Miyawaki actúan como pulmones verdes en las ciudades, mejorando la calidad del aire al absorber dióxido de carbono y otros contaminantes atmosféricos. Las plantas también liberan oxígeno a través de la fotosíntesis, lo que contribuye a un aire más limpio y saludable.

Además, las hojas y la superficie de las plantas capturan partículas en suspensión, como polvo y hollín, reduciendo la cantidad de estos contaminantes en el aire. La mejora en la calidad del aire tiene un impacto directo en la salud pública, reduciendo la incidencia de enfermedades respiratorias y cardiovasculares entre los residentes urbanos.

Reducción del Efecto Isla de Calor Urbano

Las ciudades tienden a ser más cálidas que las áreas rurales circundantes debido al efecto isla de calor urbano, causado por la gran cantidad de superficies pavimentadas y edificaciones que absorben y retienen calor. Los bosques urbanos pueden mitigar este efecto proporcionando sombra y enfriando el aire a través de la evapotranspiración.

La plantación densa y la diversidad de especies en los bosques Miyawaki aumentan la eficacia de este enfriamiento natural. Estudios han demostrado que las áreas verdes pueden reducir significativamente las temperaturas locales, mejorando el confort térmico y reduciendo la necesidad de aire acondicionado, lo que a su vez disminuye el consumo de energía y las emisiones de gases de efecto invernadero.

Espacios Verdes para la Recreación y el Bienestar Mental

Los espacios verdes urbanos son vitales para la recreación y el bienestar mental de las comunidades. Los bosques Miyawaki, al ser densos y biodiversos, ofrecen un entorno natural y atractivo para que las personas disfruten de actividades al aire libre, como caminar, correr, observar aves y simplemente relajarse en un ambiente natural.

La presencia de naturaleza en entornos urbanos está asociada con una serie de beneficios psicológicos, incluyendo la reducción del estrés, la mejora del estado de ánimo y el aumento de la capacidad de atención y la creatividad. Los bosques urbanos también promueven la cohesión social, proporcionando espacios para la interacción y el disfrute comunitario.

Educación Ambiental y Participación Comunitaria

La creación de bosques Miyawaki a menudo involucra a la comunidad local en actividades de plantación y mantenimiento, lo que fomenta la educación ambiental y la concienciación sobre la importancia de la biodiversidad y la conservación. Los proyectos de plantación pueden servir como oportunidades educativas para escuelas y grupos comunitarios, enseñando a las personas sobre la ecología local y la importancia de las plantas nativas.

La participación comunitaria en estos proyectos también fortalece el sentido de pertenencia y responsabilidad hacia el medio ambiente, promoviendo acciones sostenibles y la protección a largo plazo de los espacios verdes.

Comparación con Otros Métodos de Reforestación

El método Miyawaki se distingue de otros métodos de reforestación por su enfoque en la densidad de plantación, la diversidad de especies y la rápida restauración de ecosistemas forestales. A continuación, se comparan sus características y beneficios con otros enfoques comunes de reforestación.

Plantación Convencional de Árboles

La plantación convencional de árboles a menudo se centra en la reforestación de áreas grandes utilizando unas pocas especies comerciales. Aunque este método puede ser efectivo para la producción de madera y la captura de carbono, a menudo resulta en bosques de monocultivo con baja biodiversidad y resiliencia ecológica.

En comparación, el método Miyawaki promueve la plantación de múltiples especies nativas en una alta densidad, creando bosques biodiversos y resilientes. La diversidad de especies en un bosque Miyawaki no solo mejora la biodiversidad, sino que también aumenta la resistencia del ecosistema a plagas, enfermedades y condiciones climáticas extremas.

Reforestación Natural

La reforestación natural o regeneración natural es un enfoque pasivo que permite que un área degradada se recupere sin intervención humana significativa. Este método puede ser efectivo en regiones donde la vegetación nativa y los procesos ecológicos aún están intactos y pueden restaurar el ecosistema de manera gradual.

Sin embargo, la reforestación natural puede ser un proceso lento y no siempre garantiza la recuperación de la biodiversidad original, especialmente en áreas altamente degradadas. El método Miyawaki, en contraste, acelera el proceso de restauración al plantar una alta densidad de especies nativas y crear un entorno favorable para la sucesión ecológica rápida. Esto permite la creación de un bosque maduro y biodiverso en un tiempo mucho más corto, generalmente en 20-30 años.

Agricultura Sostenible y Sistemas Agroforestales

Los sistemas agroforestales y la agricultura sostenible integran árboles y cultivos agrícolas para mejorar la productividad y la sostenibilidad del uso del suelo. Estos enfoques pueden proporcionar múltiples beneficios, como la mejora de la fertilidad del suelo, el control de la erosión y la diversificación de los ingresos para los agricultores.

Si bien estos sistemas son valiosos para la sostenibilidad agrícola, el objetivo principal no es necesariamente la restauración de ecosistemas forestales biodiversos. El método Miyawaki, por otro lado, se centra específicamente en la creación de bosques densos y diversos que replican la estructura y la función de los ecosistemas forestales naturales.

Reforestación en Línea y Plantaciones Industriales

La reforestación en línea y las plantaciones industriales se utilizan comúnmente para la producción de madera

Desafíos y Limitaciones del Método Miyawaki.

A pesar de sus numerosos beneficios, la implementación del método Miyawaki no está exenta de desafíos y limitaciones. Este capítulo analiza los obstáculos comunes que se enfrentan al utilizar esta técnica de reforestación, las lecciones aprendidas y las soluciones propuestas, así como las adaptaciones necesarias para aplicarla en diferentes contextos y regiones del mundo.

Obstáculos Comunes en la Implementación

Implementar el método Miyawaki puede presentar varios desafíos, que varían según el contexto local y las condiciones específicas del sitio de plantación. A continuación, se detallan algunos de los obstáculos más comunes:

Disponibilidad y Selección de Especies Nativas

Uno de los principales desafíos es la disponibilidad de una diversidad suficiente de especies nativas adecuadas para el sitio de plantación. En algunas regiones, las especies nativas pueden ser difíciles de encontrar o pueden no estar disponibles en la cantidad necesaria para realizar una plantación densa. Además, seleccionar las especies adecuadas que puedan coexistir y complementarse mutuamente en el ecosistema también puede ser complicado.

Preparación del Suelo

El método Miyawaki requiere una preparación intensiva del suelo para asegurar que las plantas reciban los nutrientes y las condiciones óptimas para crecer rápidamente. Esto puede incluir la adición de compost, la mejora de la estructura del suelo y el manejo de la humedad. La preparación del suelo puede ser costosa y laboriosa, especialmente en áreas grandes o en suelos que están muy degradados.

Costo y Recursos

La implementación del método Miyawaki puede ser más costosa que otros métodos de reforestación debido a la alta densidad de plantación y la necesidad de una preparación intensiva del suelo. Además, se requieren recursos adicionales para el mantenimiento inicial, como el riego y el control de malezas, lo que puede aumentar los costos operativos.

Conocimiento y Capacitación

La falta de conocimiento y experiencia en la técnica Miyawaki entre los profesionales de la reforestación y las comunidades locales puede ser un obstáculo significativo. La implementación exitosa del método requiere una comprensión detallada de la ecología local, las especies nativas y las técnicas de plantación. La capacitación adecuada y la educación son esenciales para superar este desafío.

Mantenimiento y Monitoreo

El mantenimiento inicial intensivo, incluyendo el riego regular y el control de malezas, es crucial para el éxito del método Miyawaki. Sin embargo, mantener estos esfuerzos durante los primeros años puede ser un desafío, especialmente en áreas con recursos limitados o en proyectos comunitarios donde el compromiso a largo plazo puede ser difícil de garantizar. Además, el monitoreo continuo es necesario para evaluar el crecimiento y la salud del bosque, lo que requiere tiempo y recursos.

Lecciones Aprendidas y Soluciones

A lo largo de los años, la implementación del método Miyawaki ha proporcionado valiosas lecciones y soluciones para superar los desafíos mencionados. A continuación, se presentan algunas de las estrategias y prácticas que han demostrado ser efectivas:

Creación de Viveros Locales

Para abordar la disponibilidad limitada de especies nativas, se pueden establecer viveros locales que cultiven una variedad de plantas nativas adecuadas para la región. Estos viveros pueden ser gestionados por organizaciones comunitarias, ONG o gobiernos locales, y pueden garantizar un suministro constante de plantas de alta calidad para los proyectos de reforestación.

Enfoque en la Mejora del Suelo

Mejorar la calidad del suelo es esencial para el éxito del método Miyawaki. Se pueden utilizar técnicas como la adición de compost orgánico, la implementación de sistemas de riego eficiente y el uso de coberturas vegetales para mejorar la estructura y la fertilidad del suelo. En algunos casos, la utilización de especies pioneras que mejoran el suelo puede ayudar a preparar el terreno para la plantación de especies de sucesión tardía.

Financiamiento y Apoyo Institucional

El acceso a financiamiento y apoyo institucional es crucial para cubrir los costos de implementación y mantenimiento del método Miyawaki. Se pueden buscar fondos a través de subvenciones, donaciones y alianzas con el sector privado. Además, el apoyo de gobiernos locales y nacionales puede facilitar la asignación de recursos y la implementación de políticas favorables a la reforestación.

Capacitación y Educación

La capacitación de los profesionales y la educación de las comunidades locales son fundamentales para el éxito del método Miyawaki. Programas de capacitación que enseñen sobre la ecología local, las técnicas de plantación y el mantenimiento del bosque pueden empoderar a las comunidades y garantizar una implementación efectiva. Además, la sensibilización y la educación ambiental pueden fomentar el compromiso y la participación a largo plazo.

Estrategias de Mantenimiento Eficiente

Para reducir el costo y el esfuerzo del mantenimiento inicial, se pueden implementar estrategias como el uso de sistemas de riego eficientes (por ejemplo, riego por goteo) y la aplicación de coberturas vegetales para suprimir las malezas. Involucrar a la comunidad en el mantenimiento también puede distribuir la carga de trabajo y fortalecer el sentido de propiedad y responsabilidad hacia el bosque.

Adaptaciones Necesarias para Diferentes Contextos

El método Miyawaki puede necesitar adaptaciones específicas para ser efectivo en diferentes contextos geográficos y ecológicos. A continuación, se analizan algunas de las adaptaciones más importantes para distintos entornos:

Climas Áridos y Semiáridos

En regiones áridas y semiáridas, la disponibilidad de agua es un factor limitante importante. Adaptar el método Miyawaki en estos contextos puede requerir la selección de especies nativas resistentes a la sequía y la implementación de sistemas de riego eficientes. La preparación del suelo también puede incluir técnicas para mejorar la retención de agua, como la incorporación de materiales orgánicos y el uso de coberturas vegetales.

Áreas Urbanas

En entornos urbanos, el espacio limitado y la contaminación pueden ser desafíos significativos. Adaptar el método Miyawaki en áreas urbanas puede implicar la selección de especies que toleren condiciones urbanas adversas, como la contaminación del aire y del suelo. Además, la plantación en espacios reducidos puede requerir un diseño cuidadoso para maximizar la densidad y la funcionalidad del bosque.

Regiones Tropicales y Subtropicales

En regiones tropicales y subtropicales, la biodiversidad es extremadamente alta, lo que puede complicar la selección de especies. Adaptar el método Miyawaki en estos contextos puede implicar un enfoque más detallado en la ecología local y la identificación de especies clave que puedan coexistir y complementarse mutuamente. Además, el manejo de plagas y enfermedades puede ser más complejo en estos climas, requiriendo estrategias específicas de manejo integrado de plagas.

Áreas Degradadas y Contaminadas

En áreas altamente degradadas o contaminadas, la restauración del suelo es un primer paso crítico. Adaptar el método Miyawaki en estos contextos puede requerir la implementación de técnicas de tratamiento biológico., el uso de especies pioneras que mejoren el suelo y la incorporación de materiales orgánicos para enriquecer el suelo. Además, puede ser necesario realizar estudios previos para identificar y mitigar los contaminantes presentes en el suelo.

Contextos Culturales y Sociales

Las adaptaciones también pueden ser necesarias para alinearse con los contextos culturales y sociales específicos de cada región. Involucrar a las comunidades locales en el diseño y la implementación del proyecto, respetando sus conocimientos tradicionales y sus prácticas culturales, puede aumentar la aceptación y el éxito del proyecto. La sensibilización y la educación ambiental adaptadas a los contextos locales también son cruciales para fomentar la participación y el compromiso a largo plazo.

Conclusión

El método Miyawaki es una técnica poderosa y versátil para la reforestación y la restauración de ecosistemas, ofreciendo numerosos beneficios ambientales y sociales. Sin embargo, su implementación no está exenta de desafíos y limitaciones. A través de la identificación y superación de estos obstáculos, la aplicación de lecciones aprendidas y soluciones innovadoras, y la adaptación de la técnica a diferentes contextos, es posible maximizar el impacto positivo del método Miyawaki en la conservación de la biodiversidad y la mejora de la calidad de vida de las comunidades.

Aplicaciones Urbanas del Método Miyawaki.

El método Miyawaki, conocido por su capacidad de restaurar rápidamente ecosistemas forestales, se ha adaptado de manera innovadora para el entorno urbano, ofreciendo una solución prometedora para abordar los desafíos ambientales y sociales en las ciudades. Este capítulo explora las aplicaciones urbanas del método Miyawaki, centrándose en la creación de bosques urbanos, su integración en proyectos de planificación urbana y los beneficios que ofrece para la calidad del aire y el microclima urbano.

Creación de Bosques Urbanos

La creación de bosques urbanos utilizando el método Miyawaki implica la plantación densa de una variedad de especies nativas en espacios urbanos disponibles, tales como parques, terrenos baldíos, patios escolares y áreas junto a carreteras. Esta técnica transforma rápidamente estos espacios en áreas verdes vibrantes y biodiversas.

Ventajas de los Bosques Urbanos Miyawaki

Los bosques urbanos creados con el método Miyawaki ofrecen varias ventajas únicas:

- Crecimiento Rápido y Alta Densidad: El método Miyawaki promueve un crecimiento rápido y denso de la vegetación, lo que resulta en la formación de un bosque maduro en un período relativamente corto (generalmente de 20 a 30 años).
- Biodiversidad Alta: Al utilizar una amplia variedad de especies nativas, los bosques urbanos Miyawaki fomentan una alta biodiversidad, proporcionando hábitats para una amplia gama de flora y fauna.
- Resiliencia: La diversidad de especies y la densidad de plantación crean un ecosistema resiliente, capaz de resistir plagas, enfermedades y condiciones climáticas extremas.

Proceso de Creación

El proceso de creación de un bosque urbano Miyawaki implica varias etapas clave:

1. Selección del Sitio: Identificar y evaluar espacios urbanos adecuados para la plantación.
2. Estudio Ecológico: Realizar estudios para comprender las condiciones del suelo, el clima y la biodiversidad local.
3. Preparación del Suelo: Mejorar el suelo mediante la adición de compost y otros materiales orgánicos para asegurar condiciones óptimas para el crecimiento de las plantas.
4. Selección de Especies: Seleccionar una variedad de especies nativas adecuadas para el entorno urbano específico.
5. Plantación: Plantar las especies seleccionadas de manera densa y en capas, simulando la estructura de un bosque natural.
6. Mantenimiento Inicial: Proporcionar riego y control de malezas durante los primeros años hasta que el bosque esté establecido.
7. Monitoreo: Realizar un seguimiento continuo para evaluar el crecimiento y la salud del bosque.

Integración en Proyectos de Planificación Urbana

Integrar el método Miyawaki en proyectos de planificación urbana puede maximizar sus beneficios y contribuir a la creación de ciudades más sostenibles y habitables. A continuación, se detallan algunas estrategias para lograr esta integración:

Planificación y Diseño Urbano

Incorporar el método Miyawaki en el diseño y la planificación urbana puede incluir:

- Espacios Verdes Públicos: Crear bosques urbanos en parques, plazas y otros espacios públicos para proporcionar áreas de recreación y mejorar la calidad de vida de los residentes.
- Infraestructura Verde: Integrar bosques urbanos en proyectos de infraestructura verde, como corredores ecológicos, techos verdes y jardines verticales, para mejorar la conectividad ecológica y la funcionalidad del paisaje urbano.
- Proyectos de Renovación Urbana: Utilizar el método Miyawaki en proyectos de renovación urbana para rehabilitar terrenos baldíos, áreas industriales abandonadas y otras zonas degradadas, transformándolas en espacios verdes productivos.

Políticas y Regulaciones

Desarrollar políticas y regulaciones que promuevan la implementación del método Miyawaki en el entorno urbano puede incluir:

- *Incentivos Fiscales: Ofrecer incentivos fiscales y subvenciones para proyectos de reforestación urbana que utilicen el método Miyawaki.*
- *Normativas de Desarrollo Urbano: Incorporar requisitos para la creación de bosques urbanos en los planes de desarrollo urbano y zonificación.*
- *Programas de Educación y Concienciación: Implementar programas educativos y campañas de concienciación para informar a las comunidades y a los desarrolladores urbanos sobre los beneficios del método Miyawaki y cómo implementarlo.*

Participación Comunitaria

Involucrar a la comunidad en la creación y el mantenimiento de bosques urbanos puede aumentar el éxito y la sostenibilidad de estos proyectos. Estrategias para fomentar la participación comunitaria incluyen:

- *Proyectos Colaborativos: Organizar actividades de plantación comunitaria y programas de voluntariado para involucrar a los residentes locales en la creación de bosques urbanos.*
- *Educación Ambiental: Proporcionar educación ambiental a través de talleres, charlas y materiales informativos para aumentar la comprensión y el apoyo comunitario hacia los proyectos de bosques urbanos.*
- *Gestión Comunitaria: Establecer comités de gestión comunitaria para supervisar y mantener los bosques urbanos a largo plazo.*

Beneficios para la Calidad del Aire y el Microclima Urbano

Los bosques urbanos creados mediante el método Miyawaki ofrecen numerosos beneficios para la calidad del aire y el microclima urbano, contribuyendo a la mejora del entorno urbano y la salud pública.

Mejora de la Calidad del Aire

Los bosques urbanos actúan como filtros naturales del aire, mejorando la calidad del aire de varias maneras:

- *Absorción de Contaminantes: Las plantas en los bosques urbanos absorben dióxido de carbono y otros gases contaminantes, como el dióxido de nitrógeno y el ozono, mejorando la calidad del aire.*
- *Captura de Partículas: Las hojas y la superficie de las plantas capturan partículas en suspensión, como polvo y hollín, reduciendo la cantidad de estos contaminantes en el aire.*

- *Producción de Oxígeno: A través de la fotosíntesis, las plantas liberan oxígeno, contribuyendo a un aire más limpio y respirable.*

Regulación del Microclima Urbano

Los bosques urbanos también juegan un papel crucial en la regulación del microclima urbano:

- *Reducción del Efecto Isla de Calor Urbano: La vegetación densa y la sombra proporcionada por los árboles reducen las temperaturas locales, mitigando el efecto isla de calor urbano y mejorando el confort térmico.*
- *Humidificación del Aire: A través de la evapotranspiración, las plantas aumentan la humedad del aire, lo que puede hacer que las temperaturas sean más agradables durante los días calurosos.*
- *Mitigación de Vientos Fuertes: Los bosques urbanos pueden actuar como barreras contra los vientos fuertes, protegiendo los edificios y las infraestructuras y creando microclimas más estables y confortables.*

Beneficios para la Salud Pública

La mejora de la calidad del aire y la regulación del microclima tienen beneficios directos para la salud pública:

- *Reducción de Enfermedades Respiratorias: La disminución de los contaminantes del aire puede reducir la incidencia de enfermedades respiratorias, como el asma y la bronquitis.*
- *Mejora del Bienestar Mental: Los espacios verdes están asociados con la reducción del estrés, la mejora del estado de ánimo y el bienestar mental, proporcionando un entorno saludable y relajante para los residentes urbanos.*
- *Promoción de la Actividad Física: Los bosques urbanos ofrecen espacios atractivos para la actividad física, como caminar, correr y otras actividades recreativas, promoviendo un estilo de vida activo y saludable.*

Conclusión

Las aplicaciones urbanas del método Miyawaki representan una solución innovadora y efectiva para abordar los desafíos ambientales y sociales en las ciudades. La creación de bosques urbanos densos y biodiversos no solo mejora la calidad del aire y el microclima urbano, sino que también proporciona múltiples beneficios para la salud pública y el bienestar de las comunidades. Integrar el método Miyawaki en la planificación urbana y fomentar la participación comunitaria son estrategias clave para maximizar su impacto positivo y contribuir a la creación de ciudades más sostenibles y habitables.

Involucramiento Comunitario y Educación Ambiental.

El método Miyawaki, al ser una técnica de reforestación urbana y rural altamente beneficiosa, también necesita del apoyo y la participación activa de la comunidad para su éxito a largo plazo. Este capítulo explora estrategias para involucrar a la comunidad local, describe programas educativos y de voluntariado, y presenta casos de éxito en la participación comunitaria que han contribuido a la implementación efectiva de proyectos Miyawaki.

Estrategias para Involucrar a la Comunidad Local

El involucramiento comunitario es esencial para la sostenibilidad de cualquier proyecto de reforestación, incluido el método Miyawaki. Las siguientes estrategias pueden ser efectivas para involucrar a la comunidad local:

Sensibilización y Educación

La sensibilización sobre los beneficios del método Miyawaki y la educación ambiental son cruciales para ganar el apoyo comunitario. Esto puede lograrse mediante:

- Charlas y Talleres: Organizar charlas y talleres en centros comunitarios, escuelas y universidades para informar a los residentes sobre la importancia de la reforestación y cómo pueden contribuir.
- Campañas de Información: Utilizar medios de comunicación locales, redes sociales y materiales impresos (folletos, carteles) para difundir información sobre el proyecto y sus beneficios.

Participación en el Proceso de Planificación

Involucrar a la comunidad desde las etapas iniciales del proyecto puede aumentar el sentido de propiedad y compromiso. Esto puede incluir:

- Reuniones Comunitarias: Organizar reuniones abiertas donde los residentes puedan expresar sus opiniones, hacer preguntas y contribuir con ideas sobre la planificación y diseño del bosque urbano.
- Encuestas y Consultas: Realizar encuestas y consultas para obtener feedback y adaptar el proyecto a las necesidades y deseos de la comunidad.

Colaboración con Organizaciones Locales

Trabajar con organizaciones locales, como ONG, grupos de vecinos y escuelas, puede amplificar el alcance y el impacto del proyecto. Estas organizaciones pueden ayudar a movilizar voluntarios, proporcionar recursos adicionales y fomentar la participación comunitaria.

Incentivos para la Participación

Ofrecer incentivos puede motivar a los residentes a involucrarse en el proyecto. Esto puede incluir:

- Certificados y Reconocimientos: Entregar certificados de participación y reconocimiento a los voluntarios y organizaciones que contribuyan significativamente.
- Eventos Comunitarios: Organizar eventos comunitarios, como días de plantación y festivales ecológicos, donde los participantes puedan disfrutar de actividades recreativas y educativas.

Programas Educativos y de Voluntariado

La educación ambiental y los programas de voluntariado son componentes clave para el éxito a largo plazo de los proyectos Miyawaki. A continuación, se describen algunos enfoques efectivos:

Programas Educativos

Los programas educativos pueden ser implementados en diversos entornos, como escuelas, universidades y centros comunitarios, y pueden incluir:

- Currículos de Educación Ambiental: Desarrollar currículos que integren la ecología, la reforestación y el método Miyawaki en las materias escolares.
- Excursiones Educativas: Organizar visitas a sitios de reforestación y bosques urbanos para que los estudiantes y residentes aprendan sobre la flora y fauna local y el proceso de creación del bosque.
- Proyectos de Ciencia Ciudadana: Involucrar a los estudiantes y residentes en proyectos de ciencia ciudadana, como la recolección de datos sobre la biodiversidad y el monitoreo del crecimiento del bosque.

Programas de Voluntariado

Los programas de voluntariado pueden movilizar a la comunidad para participar activamente en la plantación y el mantenimiento de los bosques Miyawaki. Algunos enfoques incluyen:

- Días de Plantación Comunitaria: Organizar eventos regulares donde los voluntarios pueden participar en la plantación de árboles y arbustos, lo que fomenta el sentido de comunidad y pertenencia.
- Equipos de Mantenimiento: Formar equipos de voluntarios responsables del riego, el control de malezas y otras tareas de mantenimiento durante los primeros años del crecimiento del bosque.
- Capacitación de Voluntarios: Ofrecer programas de capacitación para enseñar a los voluntarios sobre las técnicas de plantación, el cuidado de las plantas y el monitoreo ecológico.

Casos de Éxito en Participación Comunitaria

Existen numerosos ejemplos de proyectos Miyawaki que han logrado un éxito notable gracias a la participación activa de la comunidad. A continuación, se presentan algunos casos destacados:

Japón: Restauración de Bosques Costeros

En Japón, la restauración de bosques costeros devastados por tsunamis ha involucrado a miles de voluntarios en la plantación y el cuidado de los nuevos bosques. Proyectos como el realizado en Rikuzentakata después del tsunami de 2011 han demostrado el poder de la participación comunitaria para la recuperación ecológica y la resiliencia ante desastres naturales.

India: Bosques Urbanos en Ciudad de Bombay

En la ciudad de Bombay, India, varias organizaciones, como SayTrees y Afforestt, han liderado iniciativas para crear bosques urbanos utilizando el método Miyawaki. Estos proyectos han involucrado a escuelas, corporaciones y residentes locales en la plantación de miles de árboles en áreas urbanas densas, mejorando la calidad del aire y proporcionando espacios verdes para la comunidad.

Francia: Proyecto Miyawaki en París

En París, Francia, la organización Boomforest ha implementado proyectos Miyawaki en colaboración con escuelas y comunidades locales. Los estudiantes participan *activamente en la plantación y el monitoreo de los bosques urbanos, aprendiendo sobre la ecología y la importancia de la biodiversidad. Estos proyectos no solo han transformado el paisaje urbano, sino que también han fomentado una mayor conciencia y participación ambiental entre los jóvenes.*

Chile: Proyecto de Bosque Urbano en Santiago

En Santiago de Chile, la ONG Fundación Mi Parque ha implementado el método Miyawaki en colaboración con comunidades locales para crear bosques urbanos en áreas marginales. Estos proyectos han involucrado a residentes en todas las etapas del proceso, desde la planificación hasta la plantación y el mantenimiento, fortaleciendo el tejido social y mejorando la calidad de vida en estos barrios.

Conclusión

El involucramiento comunitario y la educación ambiental son pilares fundamentales para el éxito de los proyectos de reforestación basados en el método Miyawaki. A través de estrategias efectivas para involucrar a la comunidad, programas educativos y de voluntariado, y la colaboración con organizaciones locales, es posible crear bosques urbanos y rurales que no solo mejoran el medio ambiente, sino que también fortalecen el sentido de comunidad y promueven la educación y la conciencia ambiental. Los casos de éxito presentados demuestran el poder transformador de la participación comunitaria en la creación de espacios verdes sostenibles y resilientes.

Futuro del Método Miyawaki.

Introducción

El Método Miyawaki, desarrollado por el botánico japonés Akira Miyawaki, ha revolucionado la restauración de bosques y ecosistemas a nivel mundial. Este enfoque se basa en la plantación densa y diversa de especies nativas para acelerar la creación de bosques maduros. A medida que el mundo enfrenta desafíos ambientales cada vez más graves, como el cambio climático y la pérdida de biodiversidad, el método Miyawaki se ha convertido en una herramienta vital. Este capítulo explora las innovaciones recientes, el potencial de expansión global y las perspectivas futuras para la restauración ecológica a través del Método Miyawaki.

Innovaciones y desarrollos recientes

Tecnología y ciencia aplicada al Método Miyawaki

En los últimos años, se han realizado avances significativos en la aplicación de tecnologías para mejorar la eficiencia y efectividad del Método Miyawaki. Entre estas innovaciones destacan:

1. Monitoreo con drones y satélites: La tecnología de drones y satélites se ha utilizado para monitorear el crecimiento y la salud de los bosques Miyawaki. Los drones permiten obtener imágenes aéreas detalladas y en tiempo real, facilitando la evaluación del crecimiento y la identificación de problemas como plagas o enfermedades. Los satélites proporcionan datos a gran escala que ayudan a comprender el impacto de los proyectos de reforestación en el clima y la biodiversidad.
2. Análisis de datos y big data: El uso de big data y análisis avanzados permite a los científicos y ecologistas recopilar y procesar grandes cantidades de información sobre los bosques plantados con el Método Miyawaki. Esta información se utiliza para optimizar la selección de especies, mejorar las prácticas de plantación y gestionar mejor los recursos.
3. Ingeniería genética y selección de especies: La ingeniería genética y la selección de especies han permitido desarrollar variedades de plantas más resistentes a enfermedades, plagas y condiciones climáticas extremas. Estas innovaciones aseguran que los bosques plantados sean más resilientes y sostenibles a largo plazo.
4. Aplicaciones móviles y plataformas digitales: Las aplicaciones móviles y plataformas digitales han facilitado la participación comunitaria en proyectos de reforestación. Los voluntarios pueden usar estas herramientas para

aprender sobre el Método Miyawaki, participar en actividades de plantación y monitorear el progreso de los proyectos.

Nuevos enfoques y adaptaciones del Método Miyawaki

Además de las innovaciones tecnológicas, se han desarrollado nuevos enfoques y adaptaciones del Método Miyawaki para diferentes entornos y condiciones:

1. Reforestación urbana: El Método Miyawaki ha sido adaptado para la reforestación urbana, creando "bosques en miniatura" en espacios reducidos dentro de las ciudades. Estos pequeños bosques urbanos mejoran la calidad del aire, reducen el calor urbano y proporcionan hábitats para la fauna local.
2. Proyectos costeros y de manglares: Se han desarrollado adaptaciones del Método Miyawaki para la restauración de ecosistemas costeros y de manglares. Estos proyectos ayudan a proteger las costas de la erosión, mejoran la calidad del agua y proporcionan hábitats cruciales para muchas especies marinas.
3. Restauración de áreas degradadas y contaminadas: El Método Miyawaki se ha utilizado con éxito en la restauración de áreas degradadas y contaminadas. La plantación de especies nativas ayuda a revitalizar el suelo, reducir la contaminación y restaurar la biodiversidad en estos entornos.
4. Proyectos de agroforestería: La combinación del Método Miyawaki con prácticas de agroforestería ha demostrado ser una solución efectiva para mejorar la productividad agrícola y la sostenibilidad ambiental. Los árboles plantados en tierras agrícolas proporcionan sombra, mejoran la calidad del suelo y aumentan la biodiversidad, beneficiando tanto a los agricultores como al medio ambiente.

Potencial de expansión global

El Método Miyawaki ha demostrado ser una herramienta poderosa para la restauración ecológica en diversas partes del mundo. Su potencial de expansión global es significativo debido a varios factores clave:

Aceptación y adopción internacional

El Método Miyawaki ha sido adoptado en numerosos países, desde Japón hasta India, Europa y América Latina. La aceptación internacional se debe a su efectividad comprobada y a su capacidad para adaptarse a diferentes climas y ecosistemas.

1. *Casos de éxito en diferentes regiones:*
2. *Japón: El lugar de nacimiento del Método Miyawaki ha visto la restauración de miles de hectáreas de bosques nativos, contribuyendo significativamente a la biodiversidad y la mitigación del cambio climático.*
3. *India: La India ha adoptado ampliamente el Método Miyawaki, con proyectos exitosos en ciudades como Bangalore, donde se han creado pequeños bosques urbanos que mejoran la calidad del aire y proporcionan espacios verdes en áreas densamente pobladas.*
4. *Europa: Países como Francia y Bélgica han implementado proyectos Miyawaki para combatir la deforestación y promover la biodiversidad urbana.*
5. *Adaptación cultural y social: La adaptabilidad cultural y social del Método Miyawaki ha facilitado su adopción en diferentes contextos. Las comunidades locales participan activamente en la plantación y el cuidado de los bosques, lo que fortalece el sentido de propiedad y compromiso con los proyectos de reforestación.*

Financiamiento y apoyo institucional

El financiamiento y el apoyo institucional son cruciales para la expansión global del Método Miyawaki. Organizaciones gubernamentales, ONG y el sector privado han reconocido los beneficios ambientales y sociales de la reforestación y están invirtiendo en proyectos Miyawaki.

1. *Subsidios y políticas gubernamentales: Muchos gobiernos han implementado políticas y programas de subsidios para apoyar la reforestación con el Método Miyawaki. Estos incentivos financieros facilitan la implementación de proyectos a gran escala y aseguran su sostenibilidad a largo plazo.*
2. *Inversiones del sector privado: Las empresas privadas también están invirtiendo en proyectos de reforestación como parte de sus iniciativas de responsabilidad social corporativa (RSC). Estas inversiones no solo benefician al medio ambiente, sino que también mejoran la reputación y la sostenibilidad de las empresas.*
3. *Colaboraciones internacionales y ONG: Las colaboraciones entre organizaciones internacionales, ONG y gobiernos locales han sido fundamentales para el éxito de los proyectos de reforestación. Estas alianzas permiten compartir conocimientos, recursos y mejores prácticas, impulsando la expansión del Método Miyawaki a nivel global.*

Educación y concienciación

La educación y la concienciación pública son esenciales para fomentar la adopción del Método Miyawaki. A través de programas educativos y campañas de sensibilización, se puede movilizar a más personas y comunidades para participar en la reforestación.

1. *Programas educativos: Las escuelas y universidades están incorporando el Método Miyawaki en sus currículos de ciencias ambientales y biología. Estos programas educativos enseñan a los estudiantes sobre la importancia de la biodiversidad y la restauración ecológica, fomentando una nueva generación de ecologistas y activistas ambientales.*
2. *Campañas de sensibilización: Las campañas de sensibilización a través de medios de comunicación y redes sociales han aumentado la visibilidad y el apoyo al Método Miyawaki. Estas campañas destacan los beneficios ambientales y sociales de la reforestación, inspirando a más personas a involucrarse en proyectos locales.*

Perspectivas futuras para la restauración ecológica

El futuro del Método Miyawaki y su contribución a la restauración ecológica global es prometedor. A medida que el mundo enfrenta desafíos ambientales cada vez más graves, el Método Miyawaki ofrece una solución efectiva y sostenible para la restauración de ecosistemas.

Contribución a la lucha contra el cambio climático

El Método Miyawaki juega un papel crucial en la lucha contra el cambio climático al capturar carbono y reducir la temperatura global. Los bosques plantados mediante este método son más densos y crecen más rápido, lo que aumenta su capacidad de secuestrar carbono.

1. *Secuestro de carbono: Los bosques Miyawaki tienen una alta tasa de absorción de dióxido de carbono, contribuyendo significativamente a la mitigación del cambio climático. Esta capacidad es especialmente importante en áreas urbanas, donde la contaminación del aire es un problema grave.*
2. *Reducción del efecto isla de calor: La reforestación urbana con el Método Miyawaki ayuda a reducir el efecto isla de calor, mejorando las condiciones climáticas locales y la calidad de vida de los residentes urbanos.*

Restauración de la biodiversidad

La biodiversidad es fundamental para la salud de los ecosistemas y la resiliencia frente a perturbaciones ambientales. El Método Miyawaki promueve la restauración de la biodiversidad al utilizar especies nativas y crear hábitats diversos.

1. *Hábitats para la fauna: Los bosques Miyawaki proporcionan hábitats cruciales para una amplia variedad de especies animales y vegetales. Esto es especialmente importante en áreas urbanas y periurbanas, donde la pérdida de hábitat es un problema crítico.*
2. *Conservación de especies nativas: Al utilizar especies nativas, el Método Miyawaki contribuye a la conservación de la flora local y la preservación del patrimonio biológico. Esto es vital para mantener la salud y la funcionalidad de los ecosistemas regionales.*

Resiliencia frente a desastres naturales

Los bosques plantados mediante el Método Miyawaki también mejoran la resiliencia de las comunidades frente a desastres naturales. La vegetación densa y diversa actúa como una barrera natural contra inundaciones, deslizamientos de tierra y tormentas.

1. *Protección contra inundaciones: Los bosques Miyawaki ayudan a reducir la escorrentía superficial y mejorar la infiltración del agua, lo que disminuye el riesgo de inundaciones en áreas vulnerables.*
2. *Estabilización del suelo: La densa vegetación de los bosques Miyawaki estabiliza el suelo, previniendo deslizamientos de tierra y la erosión. Esto es especialmente importante en áreas montañosas y laderas.*

Promoción del bienestar humano

El Método Miyawaki no solo beneficia al medio ambiente, sino también al bienestar humano. Los bosques urbanos y periurbanos mejoran la calidad de vida de las personas al proporcionar espacios verdes para la recreación y la salud mental.

1. *Beneficios para la salud mental: Los espacios verdes, como los bosques Miyawaki, tienen un impacto positivo en la salud mental, reduciendo el estrés y mejorando el bienestar general de las personas. La naturaleza proporciona un entorno tranquilo y rejuvenecedor, esencial para el bienestar psicológico.*

2. *Oportunidades educativas y recreativas: Los bosques Miyawaki ofrecen oportunidades educativas y recreativas para las comunidades locales. Las personas pueden aprender sobre la biodiversidad y la conservación a través de actividades al aire libre, fomentando una conexión más profunda con la naturaleza.*

Conclusión

El futuro del Método Miyawaki es prometedor, con innovaciones y desarrollos recientes que mejoran su efectividad y eficiencia. Su potencial de expansión global es significativo, apoyado por la aceptación internacional, el financiamiento y el apoyo institucional, así como la educación y la concienciación pública. Las perspectivas futuras para la restauración ecológica a través del Método Miyawaki son alentadoras, contribuyendo a la lucha contra el cambio climático, la restauración de la biodiversidad, la resiliencia frente a desastres naturales y la promoción del bienestar humano. A medida que el mundo enfrenta desafíos ambientales cada vez más graves, el Método Miyawaki se presenta como una solución vital y sostenible para la restauración de nuestros ecosistemas y la creación de un futuro más verde y saludable.

Guía Práctica para Implementar el Método Miyawaki.

Introducción

El Método Miyawaki es una técnica de reforestación que se ha demostrado altamente efectiva para restaurar ecosistemas naturales y promover la biodiversidad. Este método se basa en la plantación densa de una gran variedad de especies nativas en un área pequeña, lo que resulta en un crecimiento rápido y sostenible de los bosques. En este capítulo, se ofrece una guía práctica para implementar el Método Miyawaki, incluyendo pasos detallados para iniciar un proyecto de reforestación, recursos y herramientas útiles, y consejos prácticos y recomendaciones.

Pasos detallados para iniciar un proyecto de reforestación

1. Selección del sitio

El primer paso en la implementación del Método Miyawaki es seleccionar un sitio adecuado para la reforestación. Considera los siguientes aspectos:

1. Evaluación del suelo:

- Realiza un análisis del suelo para determinar su composición, estructura y fertilidad.
- Asegúrate de que el suelo sea capaz de sostener el crecimiento de las plantas seleccionadas.

2. Condiciones climáticas:

- Evalúa el clima de la zona, incluyendo la temperatura, precipitación y humedad.
- Asegúrate de que las especies nativas seleccionadas sean adecuadas para las condiciones climáticas locales.

3. Factores ambientales:

- Considera la topografía, la disponibilidad de agua y la exposición al sol.
- Evita áreas propensas a inundaciones o deslizamientos de tierra.

2. Selección de especies

La selección de especies es crucial para el éxito del Método Miyawaki. Sigue estos pasos:

1. Identificación de especies nativas:

- Consulta con botánicos y expertos locales para identificar las especies nativas de la región.
- Selecciona una variedad de especies que incluyan árboles, arbustos y herbáceas.

2. Diversidad de especies:

- Asegúrate de incluir una amplia diversidad de especies para promover la biodiversidad.
- Elige especies con diferentes características de crecimiento y funciones ecológicas.

3. Adquisición de plántulas:

- Obtén plántulas de viveros locales o cultívalas a partir de semillas recolectadas.
- Asegúrate de que las plántulas estén sanas y listas para ser plantadas.

3. Preparación del terreno

Preparar el terreno adecuadamente es esencial para el éxito del proyecto de reforestación. Sigue estos pasos:

1. Limpieza del terreno:

- Retira cualquier escombro, basura o vegetación no deseada del sitio.
- Asegúrate de que el terreno esté libre de malezas que puedan competir con las plántulas.

2. Mejora del suelo:

- Enmienda el suelo con compost, estiércol u otros materiales orgánicos para mejorar su fertilidad.
- Asegúrate de que el suelo tenga una buena estructura y capacidad de retención de agua.

3. Planificación del diseño:

- Diseña un esquema de plantación que optimice el espacio y promueva la biodiversidad.
- Distribuye las especies de manera que imiten la estructura de un bosque natural.

4. Plantación

La plantación es el paso central del Método Miyawaki. Sigue estos pasos para garantizar una plantación exitosa:

1. Densidad de plantación:

- Planta las plántulas muy cerca unas de otras, a una distancia de entre 30 y 50 cm.
- Esta alta densidad promueve la competencia y el rápido crecimiento de las plantas.

2. Técnicas de plantación:

- Planta las plántulas a la profundidad adecuada, asegurándote de que las raíces estén bien cubiertas.
- Riega bien las plántulas después de la plantación para asegurar su establecimiento.

3. Protección de las plántulas:

- Usa coberturas de suelo como mantillo o paja para retener la humedad y suprimir las malezas.
- Protege las plántulas de animales herbívoros utilizando cercas o protectores de plantas.

5. Mantenimiento y monitoreo

El mantenimiento y monitoreo son cruciales para asegurar el éxito a largo plazo del bosque Miyawaki. Sigue estos pasos:

1. Riego:

- Proporciona riego regular durante los primeros años, especialmente durante la estación seca.

- *Usa sistemas de riego eficientes, como el riego por goteo, para conservar agua.*

2. *Control de malezas:*

- *Inspecciona regularmente el sitio y elimina cualquier maleza que compita con las plántulas.*
- *Usa métodos manuales o herramientas mecánicas para controlar las malezas sin dañar las plantas.*

3. *Monitoreo del crecimiento:*

- *Realiza mediciones periódicas del crecimiento y la salud de las plantas.*
- *Documenta el progreso del bosque y ajusta las prácticas de manejo según sea necesario.*

4. *Gestión de plagas y enfermedades:*

- *Inspecciona las plantas regularmente para detectar signos de plagas o enfermedades.*
- *Aplica tratamientos naturales y orgánicos para controlar problemas sin dañar el ecosistema.*

Recursos y herramientas útiles

Implementar el Método Miyawaki requiere una variedad de recursos y herramientas. Aquí se presentan algunos recursos clave:

1. Recursos educativos y de capacitación

1. *Libros y publicaciones:*

- *"The Healing Power of Forests: The Philosophy behind Restoring Earth's Balance with Native Trees" por Akira Miyawaki. Este libro explora la filosofía y metodología de Miyawaki para restaurar ecosistemas con árboles nativos.*
- *"Mini-Forest Revolution: Using the Miyawaki Method to Rapidly Rewild the World" por Hannah Lewis. Este libro reciente explica cómo el método Miyawaki está siendo utilizado globalmente para crear mini-bosques en áreas urbanas y rurales, destacando su impacto ambiental positivo.*
- *Publicaciones de la FAO sobre reforestación y conservación de la biodiversidad.*

2. *Cursos y talleres:*

- *Talleres de reforestación organizados por organizaciones ambientales y universidades.*
- *Cursos en línea sobre restauración ecológica y técnicas de plantación.*

2. Herramientas de campo

1. *Herramientas de plantación:*

- *Palas, azadas y herramientas de mano para cavar hoyos y plantar plántulas.*
- *Estacas y cuerdas para marcar la disposición de las plantas.*

2. *Sistemas de riego:*

- *Sistemas de riego por goteo para proporcionar agua eficiente y constante a las plántulas.*
- *Contenedores de agua y mangueras para el riego manual.*

3. *Equipos de monitoreo:*

- *Cintas métricas y calibradores para medir el crecimiento de las plantas.*
- *Cámaras y drones para documentar el progreso del bosque.*

3. Recursos financieros y de apoyo

1. *Subsidios y financiamiento:*

- *Subsidios gubernamentales y programas de financiamiento para proyectos de reforestación.*
- *Financiamiento de organizaciones no gubernamentales y fundaciones ambientales.*

2. *Voluntarios y mano de obra:*

- *Reclutamiento de voluntarios a través de campañas comunitarias y redes sociales.*
- *Colaboración con organizaciones locales y grupos comunitarios para obtener apoyo y mano de obra.*

Implementar el Método Miyawaki puede ser un desafío, pero con los siguientes consejos y recomendaciones, puedes aumentar las posibilidades de éxito:

1. Involucra a la comunidad

1. Participación comunitaria:

- Involucra a la comunidad local en todas las etapas del proyecto, desde la planificación hasta la plantación y el mantenimiento.
- Organiza eventos y actividades para educar a la comunidad sobre la importancia de la reforestación.

2. Voluntariado:

- Fomenta el voluntariado y proporciona oportunidades para que las personas se involucren activamente.
- Ofrece incentivos y reconocimiento a los voluntarios para mantener su motivación y compromiso.

2. Planifica a largo plazo

1. Sostenibilidad:

- Desarrolla un plan a largo plazo para el mantenimiento y la gestión del bosque Miyawaki.
- Asegura que haya recursos suficientes para el riego, el control de malezas y otras necesidades de mantenimiento.

2. Monitoreo continuo:

- Implementa un programa de monitoreo continuo para evaluar el progreso del bosque y detectar problemas a tiempo.
- Ajusta las prácticas de manejo según sea necesario para garantizar el éxito a largo plazo.

3. Aprende de la experiencia

1. Evaluación y aprendizaje:

- Realiza evaluaciones periódicas del proyecto y documenta las lecciones aprendidas.
- Comparte tus experiencias y conocimientos con otros proyectos y comunidades.

2. Adaptabilidad:

- Sé flexible y adaptable, y ajusta tus prácticas según las condiciones locales y las necesidades del proyecto.
- Mantente abierto a nuevas ideas y enfoques que puedan mejorar el éxito del proyecto.

Conclusión

Implementar el Método Miyawaki es una forma efectiva y sostenible de restaurar ecosistemas y promover la biodiversidad. Siguiendo los pasos detallados, utilizando los recursos y herramientas adecuados, y aplicando consejos prácticos, puedes iniciar y mantener un proyecto de reforestación exitoso. La participación comunitaria, la planificación a largo plazo y el aprendizaje continuo son clave para el éxito del Método Miyawaki. Con este enfoque, puedes contribuir significativamente a la restauración ecológica y la creación de un futuro más verde y saludable.

Conclusiones.

Resumen de los Puntos Clave del Libro

El método Miyawaki, desarrollado por el botánico japonés Akira Miyawaki, ha revolucionado la forma en que abordamos la reforestación y la creación de bosques urbanos. A lo largo de este libro, hemos explorado en detalle los principios fundamentales y las etapas prácticas de este método. A continuación, resumimos los puntos clave que se han tratado:

1. *Origen y Filosofía del Método Miyawaki:*

- *Historia y desarrollo: El origen del método en Japón y su expansión global.*
- *Principios ecológicos: Basado en la restauración de la vegetación nativa y la biodiversidad.*

2. *Beneficios del Método Miyawaki:*

- *Aceleración del crecimiento: Creación de bosques maduros en un periodo de 20 a 30 años.*
- *Biodiversidad y resiliencia: Alta densidad de plantación que promueve un ecosistema diverso y robusto.*

- *Contribución al medio ambiente: Mejoras en la calidad del aire, reducción de la temperatura urbana y aumento de la biodiversidad.*

3. *Implementación del Método Miyawaki:*

- *Selección del sitio: Identificación de áreas adecuadas para la reforestación.*
- *Preparación del terreno: Mejora del suelo y eliminación de especies invasoras.*

4. *Selección de especies: Uso de plantas nativas y diversificación de especies.*

- *Plantación y mantenimiento: Técnicas de plantación densa y cuidados posteriores para asegurar el éxito del bosque.*

5. *Casos de Éxito:*

- *Proyectos globales: Ejemplos de implementación exitosa en Japón, India, Chile y otros países.*

- *Impacto en comunidades: Cómo el método Miyawaki ha mejorado la vida de las comunidades locales y ha fomentado la participación ciudadana.*

Reflexiones sobre la Importancia de la Reforestación

La reforestación es una herramienta crucial en la lucha contra el cambio climático y la pérdida de biodiversidad. A medida que el mundo enfrenta desafíos ambientales sin precedentes, la restauración de los ecosistemas naturales se ha convertido en una prioridad. El método Miyawaki ofrece una solución viable y efectiva para abordar estos problemas de varias maneras:

1. Mitigación del Cambio Climático:

- *Los bosques actúan como sumideros de carbono, absorbiendo CO2 de la atmósfera y ayudando a reducir los gases de efecto invernadero.*

2. Restauración de Ecosistemas:

- *Los bosques nativos restauran la biodiversidad, proporcionando hábitats para diversas especies de plantas y animales.*

3. Beneficios Sociales y Económicos:

- *La creación de espacios verdes mejora la salud mental y física de las comunidades.*
- *Proyectos de reforestación pueden generar empleo y promover la educación ambiental.*

4. Resiliencia Frente a Desastres Naturales:

- *Los bosques protegen contra inundaciones, deslaves y otros fenómenos naturales, actuando como barreras naturales.*

Llamado a la Acción para Lectores y Comunidades

El futuro de nuestro planeta depende en gran medida de nuestras acciones presentes. La reforestación con el método Miyawaki no solo es una estrategia efectiva, sino también una responsabilidad colectiva. Aquí hay algunas formas en las que los lectores y las comunidades pueden contribuir:

1. *Educación y Sensibilización:*

- *Aprender y enseñar: Comprender la importancia de los bosques y educar a otros sobre los beneficios del método Miyawaki.*
- *Participación en proyectos locales: Involucrarse en iniciativas de reforestación en tu comunidad.*

2. *Apoyo a Organizaciones Ambientales:*

- *Donaciones y voluntariado: Apoyar a organizaciones que trabajan en la reforestación y conservación de bosques.*
- *Políticas y advocación: Promover políticas públicas que favorezcan la restauración ecológica.*

3. *Acciones Individuales:*

- *Plantación en espacios propios: Implementar técnicas de reforestación en jardines y propiedades privadas.*
- *Estilo de vida sostenible: Reducir la huella de carbono personal a través de prácticas sostenibles.*

4. *Formación de Redes y Colaboraciones:*

- *Comunidades y alianzas: Formar redes de colaboración con otros individuos y grupos que comparten el interés en la reforestación.*
- *Proyectos comunitarios: Organizar y participar en proyectos de reforestación comunitaria.*

En conclusión, el método Miyawaki no solo nos ofrece una técnica para crear bosques densos y biodiversos en tiempos relativamente cortos, sino que también nos invita a reflexionar sobre nuestra relación con la naturaleza y nuestra responsabilidad en su conservación. El camino hacia un planeta más verde y saludable está en nuestras manos. Invito a todos los lectores a tomar acción, a unirse a este movimiento global de reforestación y a contribuir activamente a la creación de un futuro sostenible para las generaciones venideras.

Apéndices:

Glosario de Términos Técnicos

Biodiversidad: Variedad de formas de vida en la Tierra, incluyendo diversidad genética, de especies y de ecosistemas.

Reforestación: Proceso de replantar árboles en áreas donde los bosques han sido talados o destruidos.

Método Miyawaki: Técnica de reforestación desarrollada por el botánico japonés Akira Miyawaki, que utiliza especies nativas para crear bosques densos y biodiversos.

Ecosistema: Comunidad de organismos vivos que interactúan entre sí y con su entorno físico.

Sumidero de carbono: Área o sistema que absorbe más dióxido de carbono del que emite, ayudando a reducir la concentración de CO2 en la atmósfera.

Suelo nativo: Suelo que no ha sido alterado significativamente por la actividad humana y que contiene las características naturales de la región.

Especies invasoras: Plantas, animales u otros organismos introducidos a un área fuera de su rango nativo, que pueden causar daño ambiental, económico o de salud.

Plantación densa: Técnica de plantación en la que se colocan árboles y arbustos muy cerca unos de otros para acelerar el crecimiento del bosque.

Referencias y Bibliografía

Libros:

- *Miyawaki A (1992). Restauración de bosques de hoja ancha siempre verdes en la región del Pacífico. En: MK Wali (ed.). Rehabilitación de ecosistemas.*
- *Kricher, J. (2009). The Balance of Nature: Ecology's Enduring Myth. Princeton University Press.*

Recursos Adicionales

Sitios Web:

- *World Wildlife Fund (WWF)*
- *The Nature Conservancy*
- *Reforest'Action*

Organizaciones:

- *Trees for the Future: Una organización que promueve la agroforestería sostenible en países en desarrollo.*
- *Eden Reforestation Projects: Se dedica a la reforestación y a la reducción de la pobreza mediante la creación de empleos locales.*

Lecturas Recomendadas:

- *Suzuki, D., & Grady, W. (2004). Tree: A Life Story. Greystone Books.*
- *Wohlleben, P. (2016). The Hidden Life of Trees: What They Feel, How They Communicate. Greystone Books.*

Anexos

Formularios de Monitoreo:

- *Formulario de Monitoreo de Crecimiento de Árboles:*

  - *Fecha de plantación: _____*
  - *Especie: _____*
  - *Altura inicial: _____*
  - *Circunferencia inicial: _____*
  - *Observaciones mensuales: _____*
  - *Altura actual: _____*
  - *Circunferencia actual: _____*

Listas de Verificación:

- *Lista de Verificación para Preparación del Terreno:*

  - *Identificación de especies nativas: [ ]*
  - *Análisis de suelo: [ ]*
  - *Eliminación de especies invasoras: [ ]*
  - *Preparación de compost y abono: [ ]*

- *Lista de Verificación para la Plantación:*

  - *Obtención de plántulas nativas: [ ]*
  - *Planificación de la densidad de plantación: [ ]*
  - *Preparación de hoyos de plantación: [ ]*
  - *Riego inicial: [ ]*

Quiero expresar mi profunda gratitud a todos aquellos que han hecho posible la realización de este libro. En primer lugar, agradezco a mi familia y amigos por su inquebrantable apoyo y comprensión durante este proceso.

Finalmente, gracias a todos los lectores que, con su interés y compromiso, ayudan a promover un futuro más verde y sostenible. Este libro es para ustedes y para todas las generaciones futuras que se beneficiarán de un planeta más saludable.